LE RÉGIME
SANTÉ

SERGE RENAUD

LE RÉGIME SANTÉ

EDITIONS
ODILE JACOB

© ÉDITIONS ODILE JACOB, 1995, 1998
15, RUE SOUFFLOT, 75005 PARIS
INTERNET : http://www.odilejacob.fr

ISBN : 2-7381-0613-7

Avant-propos

En Amérique du Nord, les accidents cardiaques constituent la première cause de décès. Lorsque je terminais au
Canada mes études médicales et apprenais le métier de chercheur, je côtoyais tous les jours de nouveaux patients, certains encore jeunes, confrontés à ce type de problèmes. En
entrant au laboratoire du professeur H. Selye, célèbre pour
ses travaux fondateurs sur le stress, j'avais décidé : je me
consacrerais à l'étude et à la prévention de la maladie coronarienne.

À cette époque, en 1957, quelques études avaient déjà
montré que les habitudes alimentaires pouvaient prédisposer
certaines populations à la maladie. Pourquoi pas l'inverse ?
Pourquoi certains régimes alimentaires n'auraient-ils pas
joué un rôle protecteur ? De mes premières vingt années passées en France, j'avais emporté la conviction que notre pays
jouit d'un privilège bien particulier. La France paraissait
mieux protégée contre les accidents cardiaques que nombre
de pays industrialisés. À l'évidence, ses habitudes alimentaires étaient bien différentes. À cette époque, je n'osais pas
penser que les Français étaient préservés du fléau coronarien
par leur consommation de vin. Mais lorsqu'on voit des personnes âgées vivre jusqu'à l'âge de quatre-vingts ou quatre-

vingt-dix ans alors qu'elles ont consommé régulièrement du vin toute leur vie, on en tire forcément la conclusion que, pris avec modération, le vin ne nuit pas à la santé. Manger des fruits et des légumes à chaque repas, ne prendre pour tout produit laitier que du fromage, voilà d'autres traditions qui me semblaient devoir être reliées à l'espérance de vie des Français, plus particulièrement des habitants du Sud-Ouest, où j'ai mes racines. Tels sont les éléments qui, en matière de nutrition, m'ont très tôt guidé dans mes recherches et m'ont conduit à analyser ce qu'on a appelé depuis le « paradoxe français », qui ne cesse de fasciner les étrangers. Ainsi donc, si les « gros mangeurs » que nous sommes ne se tuent pas forcément à petit feu, la mort n'est pas nécessairement dans l'assiette. Bien au contraire !

La confrontation des habitudes alimentaires en France et en Amérique du Nord, les observations de laboratoire, la comparaison de populations rurales en Moselle et dans le Var, en Grande-Bretagne ou encore en Belgique m'ont progressivement convaincu que c'est dans l'assiette et le verre que se trouve l'explication du problème coronarien et probablement d'autres problèmes de santé. Je suivais alors très attentivement les résultats de l'étude qu'Ancel Keys, précurseur en la matière, menait dans sept pays. Ses publications en 1970, 1980 et 1986, après cinq, dix et quinze ans de suivi, indiquaient toujours la même tendance chez les seize groupes de population qu'il étudiait. Surprise, cependant : comparée, par exemple, à la Finlande, aux États-Unis, au Japon, ou encore, à l'Italie, à la Hollande et à la Yougoslavie, la Crète conservait, année après année, une espérance de vie bien supérieure. Elle était même la plus élevée au monde. Comment expliquer ce qui tenait presque du miracle ? De quel privilège jouissaient donc les habitants de cette petite île ingrate ? Analyser ce phénomène, c'était trouver la voie d'une meilleure compréhension des effets de l'alimentation sur la santé et peut-être jeter les bases d'une meilleure prévention.

Lorsqu'en intervenant sur le régime alimentaire ou en administrant un médicament, on observe chez des personnes saines ou des patients coronariens une baisse de 26 % des accidents cardiaques, on crie au miracle même si le nombre des décès n'a pas diminué. Or, en Crète, ce sont les décès cardiaques eux-mêmes qui chutent de 95 % et 98 % lorsque l'on compare les chiffres à ceux de la Hollande ou des États-Unis. Pour aller plus loin, il fallait tenter de vérifier les effets possibles du « régime crétois » sur d'autres populations. Alors son incomparable effet protecteur serait démontré de façon incontestable. C'est cette vérification que j'ai entreprise à Lyon avec mon équipe, sur six cents patients victimes d'un premier infarctus, en comparant les effets du régime crétois et de celui qui est habituellement prescrit par les cardiologues de tous les pays du monde.

Le régime crétois que nous avons utilisé n'est pas à base d'aliments directement importés de Crète. Il constitue plutôt une adaptation des éléments essentiels de la nourriture crétoise aux habitudes françaises et, plus largement, à celles des pays industrialisés. Il ne s'agit pas d'un régime avec toutes les contraintes que cela implique mais plutôt d'habitudes alimentaires proches de celles de nos grands-parents, en particulier de nos aïeux du sud de la France. Il comprend quelques aliments clés que le développement industriel de ce siècle nous a fait oublier et, évidemment, un à trois verres de vin rouge pris au moment des repas. Et les résultats sont là : réduction de plus de 70 % des crises cardiaques, baisse de la mortalité qui en résulte, et même, réduction de la mortalité totale. La protection après un premier infarctus est incroyablement proche de celle observée en Crète lorsque l'on compare ses habitants à leurs voisins méditerranéens. Adapté, le régime crétois conserve ses effets remarquables. Il prévient de façon spectaculaire les rechutes après un premier infarctus. Pour peu que l'alimentation apporte un équilibre nutritionnel identique à celui qu'on observe en Crète, le même miracle peut donc se reproduire partout ailleurs. Une cuisine savoureuse, qui redécouvre à la lumière du savoir contemporain certaines traditions anciennes et, loin d'accumuler les contraintes, respecte simplement quelques principes élémentaires mais fondamentaux, préserve de façon spectaculaire la santé. Non seulement elle évite les récidives, mais elle prévient l'apparition des maladies cardio-vasculaires, comme le démontre encore aujourd'hui l'exemple de la Crète.

Le but de ce livre aura été atteint lorsque les bienfaits exceptionnels de ce « régime santé » auront été reconnus par tous. J'ai pour ce faire veillé tout au long de l'ouvrage à la clarté du propos. Il ne me paraissait pas acceptable de rapporter simplement les résultats de l'alimentation sur la santé des Crétois et de donner ensuite ceux obtenus à Lyon après adaptation du régime crétois. Le lecteur se serait à bon droit interrogé sur l'origine et la raison de cette extraordinaire protection que l'on observe sur la santé dès que l'on suit certaines règles alimentaires précises. On ne décide de modifier son alimentation que lorsqu'on est parfaitement convaincu de la nécessité des changements. Je pense que, sans une bonne connaissance de la maladie cardio-vasculaire, sans une claire compréhension des phénomènes intervenant dans son apparition et son développement, sans une juste perception du rôle de certains aliments sur la santé, l'ouvrage aurait manqué son objectif. J'espère que, dans sa forme actuelle, il convaincra de la nécessité qu'il y a aujourd'hui de modifier ses habitudes alimentaires et décidera chacun à adopter ce « régime santé » ; non seulement il protège contre la maladie, mais il apporte aussi forme et bien-être sans sacrifier aux modes qui inspirent bien souvent les conseils nutritionnels.

PREMIÈRE PARTIE

ALIMENTATION ET SANTÉ

1

Le miracle crétois

« Laissez-moi vous décrire l'homme qui vit sur l'île de Crète. Il est berger, agriculteur. Il marche vers son travail dans la lumière douce de la Crète, au milieu des cigales qui chantent, dans la paix de sa terre. À la fin de sa journée de travail, il se repose et discute avec ses compères à la terrasse d'un café devant une limonade, fumant sa cigarette roulée à la main. Après son repas à la maison et une sieste, il repart frais et dispos, pour achever sa journée de travail.

Son repas à la maison est composé d'aubergines, de champignons, de légumes croquants accompagnés de pain trempé dans l'huile d'olive. Une fois par semaine, il mange un peu d'agneau ou de poulet, deux fois par semaine, du poisson. D'autres repas chauds consistent en légumes secs avec de la viande et des condiments. Le mets principal est suivi d'une salade, de dattes, de gâteaux turcs, de noix ou de fruits frais. Du vin local complète ce menu varié et savoureux. Le repas rituel en famille a lieu le samedi soir avec parents et amis. Les festivités se terminent par une danse de minuit au clair de lune. Le dimanche, il va à l'église avec sa femme et ses enfants. Il écoute le prêche, revient à la maison pour un après-midi tranquille, bavardant avec sa famille et humant l'odeur de la viande parfumée d'aromates qui cuit sur le gril. Dans son paysage harmonieux mais rude, le Crétois se sent en sécurité.

Il apprécie les rythmes naturels et contrastés de sa culture : le travail et le repos, la solitude et la convivialité, le sérieux et le rire, la routine et la fête. Dans sa vieillesse, il s'assoit dans la lumière dorée du soleil couchant. Il est beau, rude, aimable et viril. Il a le risque le plus bas d'accident coronarien, le taux de mortalité le plus bas et l'espérance de vie la plus longue du monde occidental. »

Voilà ce qu'écrivait en 1986 un épidémiologiste, Henri Blackburn. Était-ce enfin la redécouverte du miracle crétois, longtemps retardée en ce siècle par le triomphalisme économique ? La spécificité crétoise semblait en tout cas reconnue. L'était-elle en vérité ? Nous avons mis encore plusieurs années avant de pouvoir démontrer la supériorité du régime crétois dans le monde occidental. Mais comment en étions-nous arrivés à soupçonner une telle vérité ? Il nous faut revenir en arrière et remonter aux travaux d'Ancel Keys et à ce qu'il est convenu d'appeler depuis l'Étude des sept pays.

L'Étude des sept pays

À l'aube des années cinquante, plusieurs chercheurs ont signalé que des différences de mode de vie et probablement de régime alimentaire pouvaient jouer un rôle important dans le développement des maladies cardio-vasculaires. Un seul cependant, Ancel Keys, a décidé d'entreprendre l'étude comparative de différentes populations afin d'en établir la preuve. En 1956, il a choisi de comparer entre eux sept pays. Chacun s'engageait à fournir au moins un groupe de mille hommes, âgés de quarante à cinquante-neuf ans ; tous tenteraient d'en présenter plusieurs, marqués par de forts contrastes régionaux. Ainsi Ancel Keys a-t-il pu, au Japon, comparer une région côtière, grande consommatrice de poissons, et une région agricole. En Grèce, il a retenu la Crète et Corfou pour leur degré différent de modernisation. Dans l'ensemble, il s'agissait de populations rurales, stables et peu sensibles à l'évolution socio-économique de l'après-guerre : l'influence de leurs habitudes alimentaires sur les accidents cardiaques pouvait être étudiée sur plusieurs années. C'est à cette enquête que l'on a donné le nom d'Étude des sept pays.

L'incroyable protection des Crétois

De tous les groupes observés, méditerranéens ou non, c'est la Crète qui présentait la mortalité coronarienne la plus faible. Alors qu'après dix ans de suivi, elle s'élevait à cent quatre-vingt-quatre pour dix mille dans les autres groupes méditerranéens, elle n'était que de neuf pour le groupe crétois, ce qui représentait une réduction de 95 %. Certes, les autres groupes méditerranéens, italien ou yougoslave, avaient une mortalité coronarienne très inférieure à celle des groupes d'Europe du Nord ou des États-Unis, mais la protection des Crétois était tout simplement incroyable !

L'Étude a même fait apparaître après quinze ans de suivi que la Crète avait le taux de mortalité le plus bas, quelle que soit la cause de décès retenue.

Taux de mortalité après quinze ans dans l'Étude des sept pays.
Adapté de Keys A. et coll, 1986.

par 1 000	Coronarienne	Cancer	Toutes causes
Finlande	972	613	2 169
États-Unis	773	384	1 575
Zutphen (Hollande)	636	781	1825
Italie	462	622	1 874
Yougoslavie	242	394	1 712
Corfou (Grèce)	202	338	1 317
Japon	136	623	1 766
Crète	38	317	855

Aujourd'hui, les statistiques officielles de l'Organisation mondiale de la santé (OMS) indiquent que c'est au Japon qu'on trouve la mortalité, toutes causes confondues, la plus faible et, donc, la meilleure espérance de vie. Mais le tableau ci-dessus montre que la mortalité totale des deux groupes japonais étudiés est deux fois plus élevée que celle du groupe crétois. Pour trancher, il faudrait donc connaître le taux officiel de mortalité pour l'ensemble de l'île de Crète. En dépit de mes efforts, je n'ai pu obtenir ces chiffres. Seuls ceux de toute la Grèce sont disponibles. Or, comme on peut le voir, la mortalité, toutes causes confondues, est pour Corfou presque le double de celle de la Crète.

J'ai, dans le tableau ci-dessous, comparé les résultats fournis par l'Étude des sept pays après dix ans de suivi (Keys, 1980) et les statistiques de l'OMS pour 1987 (publiées en 1989).

Mortalité coronarienne et mortalité toutes causes confondues (mortalité par 100 000).
D'après les chiffres de l'Étude des sept pays après dix ans de suivi et les statistiques de l'OMS pour 1987.
Dans l'encadré, extrapolation déduite des autres chiffres.

	Sept pays (10 ans)		OMS (1987)	
	Coronarienne	Toutes causes	Coronarienne	Toutes causes
Finlande	466	1390	386	1210
États-Unis	424	961	263	1061
Hollande	317	1134	224	1016
Italie	200	1092	148	1066
Yougoslavie	145	1021	137	1302
Grèce (Corfou)	149	847	123	932
Japon	61	1200	53	837
Crète	9	627	7	564

On se rend compte du parallélisme pour chacun des sept pays étudiés. Les chiffres pour Corfou sont ainsi semblables à ceux fournis par l'OMS pour l'ensemble de la Grèce. Cela paraît confirmer la validité de l'Étude et justifier l'élargissement de ces résultats à chaque entité géographique. Je me suis donc risqué, pour l'ensemble de la population de la Crète, à une extrapolation à partir des chiffres de l'Étude et des statistiques de l'OMS. Les résultats obtenus sont rapportés dans l'encadré du tableau. Pour la population de toute la Crète, on peut supposer que la mortalité coronarienne est de sept pour cent mille et la mortalité totale de cinq cent soixante-quatre, ce qui en fait de loin la plus basse des pays industrialisés. À titre de comparaison, pour la France en 1987, la mortalité coronarienne était de cent quatre et la mortalité globale de mille sept. On saisira peut-être d'autant mieux l'exceptionnelle position de la Crète lorsque l'on aura pris connaissance des chiffres obtenus en 1990 pour la France, où la situation est pourtant loin d'être alarmante comparée à celle d'autres pays industrialisés.

Les problèmes vasculaires constituaient, en 1990, la principale cause de décès en France. D'après les statistiques de l'INSERM, sur les 52 6201 décès survenus, âges et sexes confondus, 174 544, soit plus d'un tiers, étaient dus à des maladies de l'appareil circulatoire. Un accident cérébral était intervenu dans 27 % des cas, une crise cardiaque dans plus de 60 % des cas. On a calculé que, globalement, le nombre de crises cardiaques, mortelles ou non, survenues en France était de 110 000. Ce sont surtout les Français de soixante-cinq ans ou plus qui sont touchés. En France, en 1990, les décès cardio-vasculaires dans la population masculine étaient de 3 000 entre quarante-cinq et cinquante-quatre ans, de 9 000 entre cinquante-cinq et soixante-quatre ans, de 16 000 entre soixante-cinq et soixante-quatorze ans.

Entre quarante-cinq et soixante-quatre ans, classe d'âge où la mortalité est globalement inférieure d'un tiers (30 %), c'est le cancer qui constitue la principale cause de décès.

Principales causes de décès en France de 65 à 84 ans.
Source INSERM 1990.

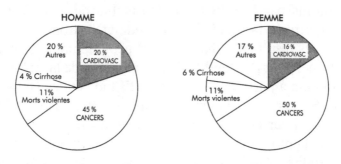

Le coût des maladies cardio-vasculaires est estimé à trente-six milliards de francs soit 6 % du total des dépenses de santé (Le Pen C.). Les dépenses de santé associées à la crise cardiaque s'élèveraient à plus de dix milliards et celles liées aux accidents vasculaires cérébraux à près de huit milliards.

L'alimentation des Crétois

Regarder de plus près les habitudes alimentaires des Crétois est essentiel. Même si ce n'est pas le seul facteur responsable de leur protection exceptionnelle face à la mort,

Principales causes de décès de 45 à 64 ans.
Source INSERM 1990.

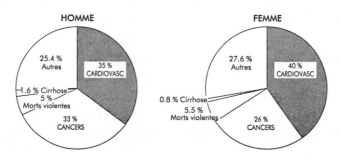

qu'elle soit consécutive à une maladie coronarienne ou non, on peut d'ores et déjà conclure que le régime alimentaire suivi n'est pas dommageable pour la santé. Le tableau ci-après met en parallèle les aliments consommés par les différents groupes de l'enquête.

Dans les années soixante, lorsque l'étude a été réalisée, les Crétois, comme les autres groupes méditerranéens, consommaient plus de pain que les Hollandais ou les Américains. Mais par rapport à leurs voisins, ils mangeaient beaucoup plus de légumes secs et de fruits, et beaucoup moins de viande ; leur consommation de poisson et d'alcool, principalement sous forme de vin rouge, était modérée, leur utilisa-

Les habitudes alimentaires
dans l'Étude des sept pays.
Adapté de A. Keys (1970) et D. Kromhout (1989).

		Crète	Groupes méditer. (9)	Zutphen Hollande	États-Unis
Cholestérol (mg/dl)		204	194	232	236
Aliments g/jour	Pain	**380**	416	252	97
	Légumes secs	**30**	18	2	1
	Légumes verts	191	191	227	171
	Fruits	**464**	130	82	233
	Viande	**35**	140	138	273
	Poisson	18	34	12	3
	Graisse d'ajout	**95**	60	79	33
	Alcool	15	430	3	6

Méditer. pour méditerranéen.

tion d'huile d'olive, seule graisse d'ajout employée, nettement supérieure. Or, exception faite des agrumes et de la
tomate, l'alimentation du Crétois n'a guère changé depuis
trente-cinq siècles, depuis l'époque minoenne : le résultat en
est probablement la meilleure espérance de vie au monde.

L'héritage d'une antique tradition

Il est difficile de ne pas rattacher le comportement alimentaire du Crétois à l'héritage unique dont il a bénéficié.
Je veux parler de la civilisation minoenne, la première civilisation véritablement humaine de la Méditerranée qui ensei-
gnait l'art de vivre et la culture du raffinement (Faure, 1971).
Dès cette époque, l'alimentation se composait de céréales, de
légumes et de fruits, de viande d'ovin en petite quantité, de
poissons, de coquillages, de fromage et d'un peu de vin. À
l'époque de Minos, les deux principales céréales étaient le
blé et l'orge. La farine de son était consommée en bouillie
ou en semoule. La fleur de farine servait à faire des galettes
et à enrober viandes et fromages. Les légumes secs compre-
naient les pois chiches, les fèves, les gesses, les vesces et les
lentilles. On cultivait aussi la bette, le cardon, la chicorée, le
concombre, la courge, le fenouil, le panais et le radis. On
semait le sésame, le ricin et le lin (plante tout à la fois alimentaire, industrielle et médicinale). Mais la Crète était surtout à l'époque le plus gros producteur d'olives du pourtour
méditerranéen. On mangeait le fruit conservé dans la sau-
mure ou on fabriquait l'huile qui servait indifféremment aux
soins du corps, à la toilette des morts, à la lubrification des
instruments de travail, à l'éclairage, aux offrandes, aux onc-
tions sacrées, à la médecine et à la magie. Le vin aussi faisait la réputation de la Crète. Entreposé après fermentation
et décantation dans des jarres scellées par de la cire, il pouvait se conserver une dizaine d'années. À cette époque, on

le buvait d'un trait mais toujours en petite quantité. L'ivresse était rare et méprisée. Raisins secs et raisins de table étaient réservés à l'usage domestique. On récoltait également des amandes, des pistaches, des figues, des glands, des genièvres, des pommes, des câpres, des poirillons, des coings, des grenades, des arbouses, des châtaignes, des pignons, des microcules, des sorbes et des nèfles. Les moutons et les chèvres fournissaient le lait qu'on faisait bouillir et cailler par l'addition de jus de figue. Égoutté sur des claies d'osier, le caillé se transformait en fromage. Fromages blancs et yaourts étaient confectionnés dans des pots. L'autre élevage important était celui des abeilles. Le miel servait d'aliment aux nourrissons, de sucre pour les gâteaux, de médicament et d'offrande aux dieux et aux morts. La cire était utilisée pour les coques de navires, pour l'encaustique des colonnes et pour la fermeture hermétique des jarres. Escargots, crustacés, oursins étaient consommés régulièrement. Parmi les poissons pêchés, que l'on mangeait frais ou conservés dans des jarres, citons le bar, le thon, le scare, le rouget, le mulet, l'espadon, la rascasse, la daurade.

Parmi tous les aliments cités, il reste à déterminer celui qui protège l'organisme crétois, à moins que ce ne soit le régime dans son ensemble qui apporte un parfait équilibre.

Diète[1] ou mode de vie ?

Les chercheurs de l'Étude des sept pays, Ancel Keys en premier lieu, n'ont pas lié l'extraordinaire protection qu'ils observaient en Crète au régime alimentaire. Sans doute, pour

---

1. Le mot diète, du grec *diaita*, est utilisé au sens d'emploi raisonné des aliments dans un but hygiénique. Le terme de régime a une connotation médicale : il implique la prescription d'aliments en vue de maintenir ou de rétablir la santé.

rendre compte des bienfaits du régime méditerranéen, privilégiaient-ils l'influence des habitudes alimentaires sur le taux de cholestérol, cause première selon eux de l'apparition des maladies coronariennes. Groupe aberrant, les Crétois bénéficiaient d'une protection remarquable que ne justifiait pas leur taux de cholestérol légèrement supérieur à celui des autres groupes méditerranéens observés. Certes, on reconnaissait l'extraordinaire santé du Crétois, mais on l'expliquait davantage par le mode de vie que par les habitudes alimentaires. L'absence de stress, de pollution, d'excès, bref l'hygiène de vie, passait pour protéger la population de l'île. On ne pouvait concevoir qu'une diète assez banale, ne faisant pas même baisser le taux de cholestérol, puisse être la principale explication à la protection remarquable des Crétois.

Pour avancer dans l'explication, il fallait transposer les habitudes alimentaires crétoises dans un autre contexte et observer si elles protégeaient plus efficacement que les régimes conseillés en général. C'est ce que j'ai entrepris à Lyon de 1988 à 1993. Cette étude décrite en détail à la fin de l'ouvrage démontre pour la première fois que l'exceptionnelle santé du Crétois est due en grande partie aux habitudes alimentaires et non au mode de vie. Elle a aussi permis de mieux connaître les éléments qui contribuent à cette protection.

Quels sont en effet les principaux facteurs alimentaires qui jouent sur le développement des maladies cardio-vasculaires ? Les graisses. Mais lesquelles et pourquoi ? Que penser aujourd'hui du cholestérol ? L'alimentation est-elle vraiment seule en cause et comment le savoir ? Telles sont les questions qu'il me faut maintenant aborder. Elles ont inspiré mes recherches depuis des années.

2

Les graisses alimentaires

Les graisses sont très probablement le facteur principal, voire le facteur essentiel, de risque cardio-vasculaire. En même temps qu'elles agissent sur le taux de cholestérol sérique, elles favorisent la formation de la plaque d'athérosclérose qui, avec l'âge, vient obstruer la circulation du sang dans les artères et contribuent à l'apparition de la thrombose qui mène à l'infarctus et à l'arrêt cardiaque.

À la naissance, les artères sont des tuyaux lisses assurant parfaitement le passage du sang. Dès l'âge de quinze, vingt-cinq ans, on voit apparaître des aspérités sur la partie interne des principales artères (aorte, artères du cœur ou coronaires, carotides, etc.). On appelle ces aspérités riches en lipides des traînées graisseuses. Entre trente-cinq et quarante-cinq ans se forment de nouvelles aspérités plus importantes que vient recouvrir un tissu proche du tissu cicatriciel. Cette plaque fibreuse, riche en graisses, réduit considérablement le diamètre de la lumière de l'artère. On a donné à l'épaississement et au durcissement des artères le nom d'*athérosclérose*.

Après cinquante ans, peut survenir un phénomène plus grave : la formation brutale d'un bouchon appelé thrombus ou caillot par analogie avec le sang coagulé. Quand cette *thrombose* survient dans les artères coronaires, il s'agit d'une thrombose coronarienne : elle est responsable de l'*infarctus du myocarde* ou crise cardiaque. Quand elle survient dans un vaisseau du cerveau, c'est une thrombose cérébrale : elle provoque un *accident cérébral*. Dans les deux cas, le territoire desservi par ces artères obstruées ne reçoit plus de sang, donc d'oxygène : il meurt très rapidement sans se régénérer.

Selon l'emplacement du thrombus et son degré d'imperméabilité, les lésions provoquées sont plus ou moins étendues et les séquelles plus ou moins graves. Dans les cas extrêmes, le décès peut survenir dans les minutes, les heures ou les jours qui suivent. Mais de nos jours, si on stimule, immédiatement après une crise cardiaque, l'activité du sang par l'injection de substances appropriées (fibrinolyse), on parvient le plus souvent à dissoudre ce thrombus (thrombolyse) : le sang irrigue de nouveau le territoire de l'infarctus.

L'Étude des sept pays, après cinq ans, dix ans ou quinze ans de suivi, a permis de préciser que seules certaines graisses, riches en acides gras saturés, devaient être directement reliées à la mortalité coronarienne.

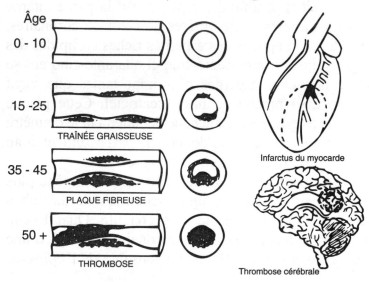

L'athérosclérose et ses complications.

Âge

0 - 10

15 -25

TRAÎNÉE GRAISSEUSE

35 - 45

PLAQUE FIBREUSE

50 +

THROMBOSE

Infarctus du myocarde

Thrombose cérébrale

Graisses saturées et graisses insaturées

Les graisses alimentaires ont en général la même composition. Elles contiennent des esters résultant de l'union d'un alcool, le glycérol, et d'un ou plusieurs acides gras. Parce que la molécule de glycérol a trois fonctions alcool, une molécule de glycérol peut s'unir à trois molécules d'acides gras, situées en position 1, 2 ou 3. Pour cette raison, ces graisses sont aussi appelées triglycérides.

Ce sont les acides gras présents sur la molécule de glycérol qui différencient les graisses. On les classe en deux grandes catégories selon qu'ils contiennent des doubles liaisons ou qu'ils n'en contiennent pas. Les premiers sont appelés insaturés, les seconds saturés.

Les acides gras saturés, en raison de leur structure chimique, sont généralement solides à température ambiante. L'acide palmitique, présent en abondance dans l'huile de palme, est le plus répandu.

Les acides gras insaturés sont ordinairement liquides. Parmi eux, on distingue ceux qui ont une seule double liaison. Ce sont les mono-insaturés, dont le plus important est l'acide oléique, principal acide gras de l'huile d'olive. Les acides gras polyinsaturés contiennent deux ou plusieurs doubles liaisons et sont donc encore plus liquides que l'huile d'olive. Nous n'en retiendrons que deux : l'acide linoléique qui a deux doubles liaisons et l'acide linonélique, présent notamment dans l'huile de lin, qui en a trois. Ces deux polyinsaturés sont essentiels pour l'homme et les mammifères monogastriques. L'organisme ne peut les synthétiser et dépend donc de l'alimentation pour la satisfaction de ses besoins.

La relation entre la consommation de graisses saturées et la mortalité coronarienne est extrêmement étroite, comme le montre le tableau ci-après.

Relation entre la mortalité coronarienne après quinze ans de suivi et la consommation de graisses saturées.

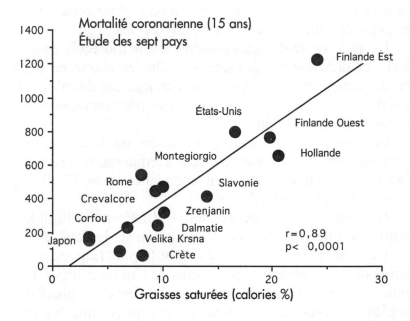

La corrélation est extrêmement forte : plus on mange de graisses saturées, plus on risque un infarctus mortel. La région la plus exposée est la Finlande de l'Est, la région la moins touchée, la Crète, où la mortalité coronarienne est la plus faible et la consommation de graisses saturées réduite à 8 % des calories.

La composition des huiles alimentaires

Quelle est la composition en acides gras des principales graisses et huiles alimentaires ?

Parmi les graisses, la plus riche en acides gras saturés est la Végétaline. Cette graisse d'origine végétale subit, pour sa mise sur le marché, un processus chimique qui la transforme en une graisse totalement saturée.

Répartition des acides gras dans les huiles et les graisses alimentaires.

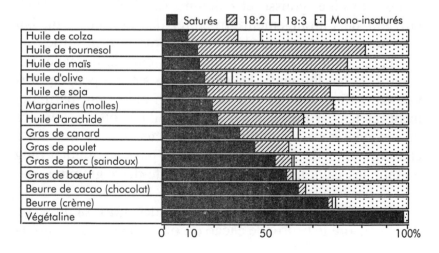

Viennent ensuite les produits laitiers non écrémés (beurre, crème, lait). Différentes études comparatives ont montré que les graisses les plus étroitement reliées à l'accident coronarien sont celles présentes dans les produits laitiers non écrémés. On comprend mieux ce lien lorsqu'on a remarqué que ces aliments sont riches en acides gras saturés et pauvres en acides gras polyinsaturés essentiels. En revanche, on voit mal pourquoi, parmi les produits laitiers, c'est le lait qui est le plus fortement associé à la mortalité coronarienne. Ce sont en effet les pays à forte consommation lactée telles la Finlande, l'Irlande et l'Écosse qui ont la mortalité coronarienne la plus forte. La consommation de beurre y est déjà moins bien reliée, celle de fromage n'y est pas du tout. Les pays gros consommateurs de fromage telles la Grèce, la France, l'Italie et la Suisse, sont parmi les pays industrialisés ceux où la mortalité coronarienne et la mortalité toutes causes confondues sont les plus faibles. La composition chimique des produits ne peut expliquer ce paradoxe. Le lait et les fromages contiennent les mêmes éléments : caséine, graisse et calcium. La différence pourrait provenir de l'arrangement structurel des molécules du lait dont tous les éléments doivent pouvoir être absorbés au mieux par le nouveau-né. En revanche, dans le fromage, fait à partir de lait fermenté, les acides gras saturés peuvent former dans l'intestin des sels de calcium qui seront partiellement rejetés par l'organisme. Quoi qu'il en soit, l'espérance de vie en Grèce ne semble pas affectée par la très forte consommation de fromage qui place le pays au premier rang de tous les pays industrialisés (soixante-deux grammes par jour et par habitant, contre soixante en France).

Parmi les graisses riches en acides gras saturés, on trouve encore le beurre de cacao qu'on ne pense pas toujours à prendre en compte.

Puis viennent la graisse de bœuf et le saindoux longtemps utilisé en France. Ce dernier est de meilleure composition que le beurre par la quantité d'acides gras saturés et d'acides gras polyinsaturés qu'il contient.

On trouve ensuite les graisses de volailles, poulet et canard, moitié moins riches en graisses saturées que les produits laitiers. Que la graisse de canard soit presque liquide à température ambiante est une bonne indication de sa faible teneur en graisses saturées et de son niveau relativement élevé d'acides oléique, linoléique et linolénique. Par ailleurs, le Gers, la Haute-Garonne et les départements limitrophes, grands consommateurs de graisse de canard, de foie gras et de confit, jouissent en France d'une mortalité coronarienne parmi les plus faibles et de la meilleure espérance de vie (Renaud, de Lorgeril, 1994). Il est difficile de condamner cette cuisine délicate qui, associée à la consommation de céréales, de légumes, de fruits, de fromage et de vin, constitue une bonne adaptation des régimes méditerranéens dont on connaît l'effet protecteur sur la santé.

Les huiles et les margarines végétales viennent en haut de l'échelle. Leur contenu en acides gras saturés ne varie guère. Seule l'huile de colza contient très peu d'acides gras saturés et devrait, pour cette raison, être considérée comme l'huile de choix pour la préparation des salades et pour la cuisson des aliments. En dépit de ce qui est écrit sur les bouteilles, cette huile, comme l'ont montré plusieurs études, est, avec l'huile d'arachide, la plus résistante à la cuisson. L'annotation – huile à utiliser pour l'assaisonnement – a une raison commerciale et non scientifique ou médicale. Il est, de toute façon, toujours recommandé de faire les grandes fritures à 180 °C et de remplacer l'huile après dix utilisations. L'huile de colza utilisée dans ces conditions peut avoir, si on y prête grande attention, une légère odeur de poisson due à la présence d'acide linolénique. Cet acide permet à l'organisme de synthétiser lui-même les acides gras présents dans le poisson mais absents dans l'huile de colza. Sans en avoir le goût, l'huile de colza a donc les vertus du poisson. C'est, de plus, aujourd'hui l'huile la moins chère. Malheureusement, seules certaines grandes surfaces la distribuent. À partir du colza, une margarine, qui présente les mêmes propriétés, devrait être commercialisée dans un avenir proche.

La seule autre huile qui contienne une forte quantité d'acide linolénique est l'huile de soja. Mais elle est plus riche en acides gras saturés et plus pauvre en acide oléique.

L'acide oléique est le principal acide gras mono-insaturé. Il est contenu en grande quantité dans l'huile d'olive qui est l'huile de prédilection des Crétois. Il est difficile d'imaginer qu'elle puisse être néfaste. Là encore, seules l'huile et la margarine de colza peuvent la remplacer ; elles lui sont même supérieures par leur contenu en acides linoléique et surtout linolénique.

L'acide linolénique
dans le régime crétois

Les Crétois consomment beaucoup d'huile d'olive et de produits végétaux (légumes, salades, noix, etc.) qui fournissent, en petite quantité, les acides gras polyinsaturés que l'on trouve dans l'huile de colza. À la belle saison, ils consomment notamment, sous forme de salade ou de légume, une plante, le pourpier (*Portulaca oleracea*), que l'on trouve encore dans certaines régions françaises. Cette plante rustique, au goût délicieux, qui pousse spontanément dans nombre de jardins et de terrains vagues, est très riche en acide linolénique (60 % des acides gras contenus) (Simopoulos A., 1992). Le pourpier était autrefois utilisé en France. Il est mentionné par Boileau comme met de festin, dans un poème intitulé « Le repas ridicule » dont voici un quatrain :

> *À côté de ce plat paraissaient deux salades,*
> *L'une de pourpier jaune et l'autre d'herbes fades,*
> *Dont l'huile de fort loin saisissait l'odorat,*
> *Et nageait dans des flots de vinaigre rosat.*

On l'utilise encore régulièrement au sud de l'Italie et du Portugal, régions où la maladie coronarienne est rare. Il est possible que l'acide linolénique de cette plante joue un rôle important dans la santé des Crétois.

Composition en acides gras des esters du cholestérol de deux groupes ayant participé à l'Étude des sept pays.

		Saturés		Mono-insaturés	Polyinsaturés	
	n	16:0	18:0	18:1	18:2	18:3
Crète	92	11.1	0.7	31.0	41.9	0.9
Zutphen	97	11.9	1.1	21.4	53.1	0.3

Le niveau de tous les acides gras du tableau est significativement différent (p < 0.001) en Crète et à Zutphen (Hollande).

Voici les résultats de G. N. Sandker (1993) qui a comparé la composition, en acides gras, des esters du cholestérol contenus dans le plasma de quatre-vingt-douze Crétois et de quatre-vingt-dix-sept Hollandais.

L'analyse des acides gras du plasma constitue l'un des moyens les plus précis pour évaluer la consommation de certains acides gras, en particulier d'acides linoléique (18:2) et linolénique (18:3). Les chercheurs ont observé que les Crétois, qui consomment très peu de lait et de beurre, ont moins d'acides gras saturés et une plus grande quantité d'acide oléique due à leur grande utilisation d'huile d'olive. Le niveau d'acides polyinsaturés est également très différent entre Crétois et Hollandais. Les Crétois ont moins d'acide linoléique (41,9 % contre 53,1 %) et trois fois plus d'acide linolénique.

Connaissant l'espérance de vie en Crète et le faible nombre d'accidents cardiaques, on peut avancer qu'une telle composition du plasma est favorable à la santé. Elle semble respecter un certain équilibre entre les deux acides gras essentiels, le linoléique et le linolénique. Jusqu'à présent, pour prévenir l'accident coronarien, on insistait surtout sur l'augmentation de la consommation d'acide linoléique.

En effet, ce dernier est connu pour faire baisser le cholestérol alors que le linolénique ne semble pas avoir cette propriété. Comme on considérait que la maladie coronarienne était principalement le résultat d'un cholestérol élevé, on recommandait de consommer des huiles très riches en linoléique. On créait ainsi un déséquilibre entre les deux acides gras essentiels qui sont à l'origine d'une famille d'acides gras plus complexes indispensables au bon fonctionnement de l'organisme. Car si la consommation de l'un ou de l'autre est trop importante, seule une famille d'acides gras sera synthétisée.

Examinons la provenance de l'acide linolénique dans la population crétoise. L'analyse chimique des aliments faite à l'époque de l'Étude (1960-1965) a permis d'observer une consommation en acide linoléique correspondant à 2,3 % des calories, ce qui est faible et favorise l'utilisation de l'acide linolénique. Aussi un apport de 0,5 % des calories en acide linolénique devrait-il suffire à expliquer le niveau élevé de cet acide gras dans le plasma des Crétois. À cette époque, l'huile d'olive qui fournissait 33 % des calories apportait 0,2 % des calories en acide linolénique. Les légumes, d'après nos analyses, en fournissent de 0,3 à 0,4 %. Une consommation modérée de pourpier devrait fournir un apport supplémentaire de 0,1 % à 0,2 %. On obtient un total de 0,8 % des calories, soit deux grammes d'acide linolénique. Notons qu'une telle quantité pourrait être fournie par seulement trente grammes d'huile de colza. Enfin, depuis l'Antiquité, les Crétois consomment régulièrement des escargots. Ils en consomment même quotidiennement en période de l'Avent et du Carême. L'importance de l'escargot est qu'il apporte 10 % d'acide linolénique dans ses lipides.

La position des acides gras sur la molécule de graisse

Les graisses ont, selon les acides gras qu'elles contiennent, une forme physique différente, solide ou liquide. Leur effet sur la santé est également différent. Outre le rôle spécifique de chaque acide gras, nos travaux récents ont montré que l'effet de chacun d'eux variait également suivant sa position sur la molécule de graisse (Renaud S., 1995). Au cours de la digestion dans l'intestin, les acides gras situés en position externe, 1 ou 3, se libèrent de leur attache et peuvent être éliminés par l'organisme lorsqu'ils forment avec le calcium intestinal des sels insolubles. En revanche, celui situé en position 2 est de préférence absorbé au travers de la paroi intestinale.

On connaissait déjà cette absorption préférentielle des acides gras de la position 2. Ce que nous avons démontré récemment chez l'animal, c'est que ce sont surtout et peut-être uniquement ces derniers que l'organisme utilise pour pénétrer dans les cellules et servir de base à la formation de molécules plus complexes. Autrement dit, seuls les acides gras en position 2 compteraient vraiment et auraient des effets bienfaisants ou néfastes, en agissant sur le cholestérol ou la réactivité des plaquettes sanguines, phénomènes directement liés à la crise cardiaque.

Nous avons récemment établi la composition des graisses et des huiles précédemment décrites, en tenant compte, cette fois, des seuls acides gras situés en position 2.

Parmi les graisses, la Végétaline, le beurre et les produits laitiers en général offrent des résultats qui ne sont guère différents de ceux obtenus précédemment.

*Répartition des acides gras en position 2 dans les huiles
et les graisses les plus fréquentes de l'alimentation humaine.*

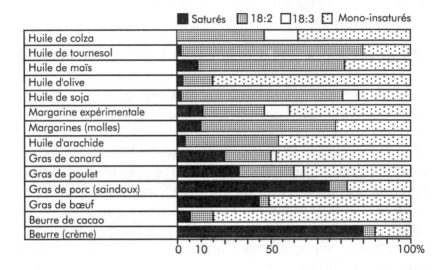

Pour le beurre de cacao, comme pour l'huile d'olive, c'est presque toujours l'acide mono-insaturé qui se situe en position 2. Ceci pourrait expliquer pourquoi la consommation de chocolat fait monter le niveau de l'acide oléique dans le sang et serait moins néfaste que prévu.

La graisse de porc montre en position 2 presque autant d'acides gras saturés que le beurre : on peut comprendre son effet néfaste pour la maladie coronarienne, notamment dans les pays de l'Est, comme la Hongrie ou la Pologne, où elle constitue la principale graisse utilisée pour la préparation des aliments.

Les graisses de volailles présentent une structure intéressante : en position 2, on trouve le plus souvent de l'acide oléique, dans un rapport linoléique/linolénique favorable.

Parmi les huiles, celle de colza semble l'emporter sur toute autre. En position 2, on ne trouve presque aucun acide gras saturé mais 50 % d'acide oléique, 13 % d'acide linolénique et 30 % d'acide linoléique. Cette huile enrichira donc l'organisme en acide oléique neutre, fournira l'acide linolénique et l'acide linoléique nécessaires, dans un rapport qui ne favorise pas l'un au détriment de l'autre. La margarine expérimentale a été utilisée dans l'étude de prévention qui sera décrite plus loin. Sa composition est voisine de celle de l'huile de colza et présente les mêmes avantages.

Quant à l'huile d'olive, la position 2 est occupée par 90 % d'acide oléique et 1 % d'acide linolénique. Cette huile utilisée par les Crétois pourrait ainsi fournir un supplément substantiel en acide linolénique que ne laissait pas prévoir la composition globale.

Pour l'anecdote, citons encore le foie gras dont 70 % des acides gras en position 2 sont fournis par l'acide oléique, et seulement 20 % par les acides gras saturés. L'aliment favori du Gers apporte donc à l'organisme une importante quantité d'acide oléique directement utilisable, sans effet néfaste sur les coronaires.

Les traditions du Sud-Ouest rejoignent à leur façon celle de la Crète et des pays méditerranéens pour inciter à une consommation de graisses particulièrement favorables.

3

Le cholestérol en question

Qu'en est-il du cholestérol, longtemps considéré comme le facteur le plus décisif dans le développement des maladies cardio-vasculaires ? De nouveau, les observations rassemblées pour les Crétois peuvent apporter des éléments importants : comment expliquer en effet l'extraordinaire protection dont ils bénéficient alors que leur taux de cholestérol est loin d'être si favorable au regard des normes le plus souvent adoptées ?

Un facteur longtemps jugé déterminant

L'Étude des sept pays a apporté des résultats décisifs en ce qui concerne le cholestérol. Après cinq, dix ou quinze ans de suivi, on constatait toujours une étroite relation entre la mortalité coronarienne et le cholestérol sérique. Le résultat le plus spectaculaire est celui fourni après quinze ans de suivi.

Plus le cholestérol est élevé, plus la mortalité coronarienne augmente, la Crète faisant figure d'exception. Pour l'ensemble des groupes, la corrélation entre mortalité coronarienne et cholestérol est si forte que l'on peut même parler de certitude biologique. Or cette relation est très voisine de celle établie entre la mortalité coronarienne et la consommation de graisses saturées. On peut donc logiquement en déduire une relation similaire entre graisses saturées et cholestérol sérique : les graisses saturées et principalement leurs acides gras auraient pour effet d'augmenter le cholestérol sérique. Les études menées par Hegsted ont aussi montré qu'en quelques semaines la nourriture riche en graisses saturées qui était préparée pour des sujets sains faisait augmenter le cholestérol (Hegsted, 1993). Keys pouvait donc à juste titre dire en 1970 que les graisses saturées constituaient le facteur de risque le plus étroitement lié à l'accident coronarien.

Relation entre mortalité coronarienne et cholestérol sérique après quinze ans.
Adapté de A. Keys (1970-1984).

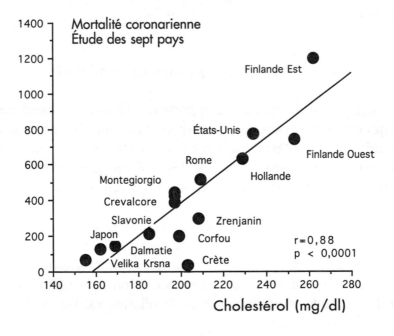

Ces deux chercheurs ont d'ailleurs établi des équations à peu près semblables permettant de prévoir la modification du cholestérol sérique en fonction de la quantité d'acides gras saturés et polyinsaturés consommés[1]. La formule de l'équation indique que les graisses saturées font augmenter deux fois plus le cholestérol sérique que les polyinsaturées ne le font baisser.

Nos propres études sur des sujets libres de consommer la nourriture conseillée ont montré, après une période de deux ou trois mois, des résultats comparables à ceux obtenus par Hegsted. Plus largement, pour des périodes d'au moins douze mois, le cholestérol sérique est toujours relié à la consommation de graisses saturées et polyinsaturées, qu'il s'agisse de populations rurales françaises et britanniques (Renaud, 1986) ou de patients coronariens examinés à Lyon (de Lorgeril, 1994). Mais ce sont alors les graisses polyinsaturées qui font baisser le cholestérol deux fois plus que les graisses saturées ne le font monter.

La démonstration la plus frappante de la relation entre cholestérolémie et mortalité coronarienne nous est fournie par l'étude prospective américaine MRFIT menée sur 361 662 hommes, âgés de trente-cinq à cinquante-sept ans et suivis pendant six ans (Martin et coll, 1986). Entre 175 et 250 mg/dl, le risque augmente progressivement et beaucoup plus rapidement au-delà.

On a calculé que pour chaque milligramme de cholestérol supplémentaire, le risque augmentait de 1,4 % pour un cholestérol compris entre 180 et 250 mg, de 2,25 % pour un cholestérol compris entre 180 et 250 mg et de 2,25 % pour un cholestérol entre 250 et 300 mg. Notons d'ailleurs que les

---

1. Variation du cholestérol sérique = 0,0631 × variation des acides gras saturés − 0,0283 × variation des polyinsaturés (Hegsted).

courbes de la mortalité totale et de la mortalité coronarienne tracées en fonction du taux de cholestérol sérique enregistrent des variations voisines tout à fait parallèles. Outre la prépondérance de la mortalité coronarienne, une telle similitude pourrait aussi suggérer que la cholestérolémie joue un rôle dans d'autres causes de mortalité.

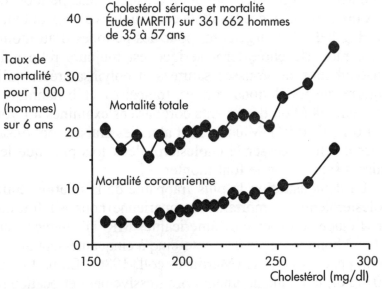

L'ensemble de ces résultats suggère qu'il est souhaitable de maintenir une cholestérolémie basse, de préférence autour de 200 mg/dl. Ceci ne veut pas dire que tout moyen susceptible de baisser le cholestérol sérique soit accompagné d'une meilleure espérance de vie.
Adapté de Martin et coll., 1986.

Un simple facteur concomitant ?

Dans le cadre de l'Étude des sept pays, les résultats après vingt-cinq ans de suivi ont évidemment indiqué une augmentation du nombre de décès dans chacun des groupes.

Mais les différences essentielles demeurent : les Finlandais ont toujours la plus forte mortalité coronarienne, les Crétois la plus faible. En revanche, le taux de cholestérol sérique est devenu presque identique pour chacun des groupes examinés. Partout, la relation entre le cholestérol et la mortalité coronarienne s'est affaiblie ou a disparu (Kromhout et coll., 1990).

Une seconde étude beaucoup plus importante par le nombre de pays (vingt) et de centres impliqués (trente-sept) est venue confirmer ce résultat. Il s'agit d'un programme patronné par l'OMS que l'on appelle le projet MONICA, abréviation pour *MONItoring CArdiovascular* (suivi des maladies cardio-vasculaires). Bien que la mortalité coronarienne puisse être très différente à Toulouse – où elle est la

Relation entre la mortalité coronarienne, le cholestérol sérique et le pourcentage de fumeurs dans les trente-sept centres du projet MONICA.
Adapté de Renaud et de Lorgeril, 1993.

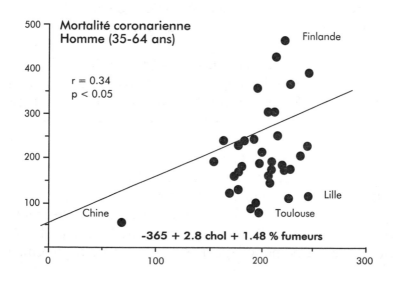

plus basse – et en Finlande – où elle est la plus haute –, la majorité des centres, exception faite du centre chinois, ont un cholestérol sérique et un pourcentage de fumeurs presque identiques. Si l'on met de côté le cas très particulier de la Chine, on conclut de cette étude que le cholestérol et le tabagisme n'expliquent plus les différences de mortalité coronarienne entre les différents centres et pays.

Cela ne signifie évidemment pas que dans un même pays ou un même centre, le tabagisme et le cholestérol ne sont plus des facteurs de risque. L'explication pourrait être que la plupart des pays industrialisés ont modifié leurs habitudes alimentaires et utilisent désormais davantage d'huiles polyinsaturées. La consommation d'acide linoléique a augmenté dans des pays comme l'Irlande, le Danemark, l'Angleterre ou la Hollande au point de provoquer une baisse du cholestérol.

Durant la même période, presque tous les pays industrialisés ont enregistré une baisse de la mortalité coronarienne. La baisse du cholestérol sérique due principalement à une consommation accrue d'acide linoléique aurait-elle fait baisser la mortalité coronarienne ? D'ici quelques années, d'autres résultats du projet MONICA devraient nous permettre d'apporter une réponse plus précise.

Si l'on examine dès à présent la mortalité coronarienne dans les vingt-deux pays les plus industrialisés du monde pour lesquels l'OMS a apporté les statistiques de mortalité pour 1986-1987 et 1991-1992, on voit qu'elle a partout baissé sauf en Grèce. Or la qualité des soins est plus grande dans tous ces pays sans exception. L'augmentation de la mortalité coronarienne en Grèce serait-elle due alors à la modification des habitudes alimentaires ? Entre 1977 et 1988, la consommation des graisses et des huiles végétales y a diminué de 6 % tandis que la consommation de beurre doublait et celle de produits laitiers augmentait globalement de 14 %. Durant la même période, sur les trois pays qui présentaient la baisse la plus forte de mortalité coronarienne – l'Australie (20 %), le Canada (19 %) et la Belgique (18 %) – aucun n'avait considérablement augmenté sa consommation de graisses végétales. En revanche, tous avaient augmenté leur consommation de fromage de 17 à 33 % et réduit celle d'autres produits laitiers.

Ces changements confortent l'hypothèse que nous avions formulée sur le rôle de certaines graisses dans la maladie coronarienne mais n'en constituent en aucune façon la preuve. Seules des études de prévention sur un nombre limité de sujets suivis durant plusieurs années permettront de préciser dans quelle mesure les habitudes alimentaires influencent la maladie coronarienne. Il me semble qu'on peut déjà donner une réponse en ce qui concerne le rôle de l'acide linoléique qui fait baisser le cholestérol mais ne diminue probablement pas le nombre de maladies cardiaques.

Ces résultats suggèrent que le rôle du cholestérol, au lieu d'être déterminant, pourrait n'être que complémentaire. Les graisses saturées seraient toujours étroitement reliées à l'accident coronarien mais par des mécanismes autrement plus importants que l'effet sur le cholestérol. C'est pourquoi il nous faut maintenant examiner en détail l'influence des lipides sur la thrombose, dont le lien avec l'infarctus est bien connu.

4

Les lipides à l'assaut du cœur

Lors du symposium international que j'ai organisé en 1973 sur le thème «Lipides et thrombose», un hématologiste d'Oslo, H. Stormorken, a rappelé que durant la dernière guerre mondiale, les restrictions alimentaires en Norvège s'étaient accompagnées d'une baisse de la mortalité coronarienne et du nombre de thromboses veineuses survenues à la suite d'interventions chirurgicales. Dès les premiers mois de guerre, la consommation de beurre, de lait, de fromage et d'œufs avait chuté, partiellement compensée par celle du poisson.

En 1945-1946, lorsque sont reparus sur les tables norvégiennes les produits longtemps bannis, la mortalité coronarienne est rapidement remontée. Comme les lésions d'athérosclérose ne peuvent disparaître et réapparaître en une année, il fallait donc invoquer ici un autre phénomène, celui de la thrombose, responsable de l'infarctus et du décès cardiaque. Le rôle de la thrombose dans l'observation norvégienne était d'autant plus net que les thromboses veineuses survenues à la suite d'opérations chirurgicales avaient disparu et réapparu de façon aussi mystérieuse. Cette étude, que sont venues confirmer des observations semblables en Grande-Bretagne et en Allemagne, démontrait pour la première fois que, chez l'homme, la produc-

Consommation de graisses et mortalité par thrombose en Norvège, durant la Seconde Guerre mondiale.

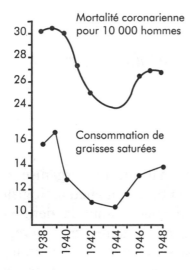

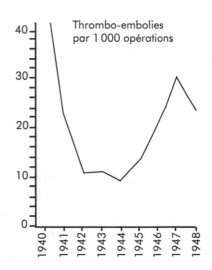

tion de thrombose devait être reliée aux habitudes alimentaires. En effet, l'athérosclérose qui entrave le flux du sang dans les artères et s'accompagne parfois de la libération de substances qui déclenchent le phénomène thrombotique ne peut être invoquée ici puisqu'elle ne peut rendre compte des cas de thromboses veineuses enregistrés. Et l'on imagine difficilement que le stress ait été plus fort après la guerre qu'au temps de l'occupation allemande.

Ces résultats qui surprirent lors de leur publication en 1951 sont aujourd'hui confirmés. Reste à étudier la spécificité de la thrombose dans les systèmes artériel et veineux afin de découvrir ce qui dans l'alimentation y prédispose. Reste encore à expliquer l'ensemble des mécanismes qui mènent à l'accident. Devant la nature du problème et la difficulté des démarches à entreprendre, la seule approche possible était, dans un premier temps, d'induire des phénomènes thrombotiques chez l'animal, plus précisément chez le rat, et d'évaluer ainsi le rôle des facteurs alimentaires dans leur production.

Une maladie étudiée en laboratoire

Pourquoi le rat ? Le petit rat blanc de Norvège, élevé dans des conditions parfaites d'hygiène, est un animal grégaire qui a un comportement d'autant plus sociable qu'il vit en cage par groupes de deux ou trois. Ce rongeur accepte volontiers une nourriture purifiée contenant tous les éléments nécessaires à son développement. Sa croissance est alors tout à fait normale et il peut atteindre un poids de cinq à sept cents grammes en quatre à cinq mois. On peut donc facilement mesurer sur l'animal l'effet d'une alimentation équilibrée et proche, par les nutriments qu'elle apporte (protéines, lipides, acides gras, sucres, etc.), du régime alimentaire de l'homme. L'évaluation permet ainsi de juger de la teneur du sang en cholestérol ou en acides gras. Enfin, la taille du rat est suffisante pour permettre les prises de sang et les opérations chirurgicales nécessaires.

Différents procédés ont été utilisés pour développer des phénomènes thrombotiques chez le rat. Il s'agit toujours de reproduire en quelques semaines des conditions qui, chez l'homme, nécessitent de trente à soixante ans. La première approche consiste à donner aux animaux une nourriture riche en acides gras saturés. Toute autre modification ne produit sur le rat aucune prédisposition à la thrombose. Après quelques semaines d'un tel régime, les animaux se portent bien et on n'observe aucun phénomène thrombotique. On injecte alors des substances qui, pense-t-on, déclenchent le phénomène chez l'homme. L'une d'elles, l'adénosine diphosphate (ADP), est connue pour déclencher l'agrégation des plaquettes sanguines, première étape dans la production d'une thrombose. Nordöy et Chandler (1964) observèrent ainsi la formation de petites thromboses disséminées dans les poumons et plus nombreuses chez les animaux nourris de graisses saturées.

L'étude systématique des éléments du régime prédisposant à la thrombose a été facilitée par la mise au point du modèle de Hornstra (1973). Les animaux suivent pendant quatre mois un régime équilibré enrichi en différentes graisses alimentaires dont on veut comparer l'effet thrombogène. Après cette période, on insère et fixe dans l'aorte un petit tuyau de polyéthylène transparent en forme de boucle qui sort légèrement de la cavité abdominale et y rentre aussitôt, son extrémité étant à nouveau insérée dans la partie distale de l'aorte. Ce tuyau permet ainsi au sang venant du cœur d'accomplir un chemin détourné et de revenir dans l'aorte pour irriguer la partie postérieure de l'animal. La boucle à l'extérieur de l'abdomen permet de voir le sang circuler. Par une observation quotidienne, on peut assister, dans le tuyau, à la formation de la thrombose qui conduit à l'obstruction totale de la circulation du sang.

Le tuyau en forme de boucle a trois intérêts principaux. Il constitue une surface non naturelle à laquelle adhèrent les plaquettes sanguines, point de départ de la thrombose. Sa forme en boucle ralentit la circulation du sang, comme le font les plaques d'athérosclérose dans les artères coronaires des patients, et permet ainsi le développement de la thrombose. Transparente et fixée à l'extérieur de l'abdomen, elle permet aussi d'observer visuellement l'apparition du phénomène. La thrombose est jugée d'autant plus sévère qu'elle obstrue rapidement la circulation du sang dans la boucle. Comme chez l'homme, la formation de ce type de thrombose est retardée ou prévenue par l'administration d'aspirine ou d'un anticoagulant puissant comme l'héparine. On peut donc penser que ce modèle, sans être la reproduction de la thrombose coro-

narienne observée chez l'homme, présente des caractéristiques qui s'en rapprochent. Il devrait permettre de déterminer ce qui, dans le régime, prédispose au phénomène
thrombotique.

Hornstra a ainsi pu étudier l'effet des graisses plus ou
moins riches en acides gras saturés. D'après ses recherches,
la sévérité de la thrombose est la plus faible lorsque le régime
contient de l'huile de colza, huile dont la teneur en acides
gras saturés est la plus pauvre. Elle est la plus forte avec un
mélange de graisses très riches en acides gras saturés. De
manière générale, on observe un parallélisme net entre la

*Rôle des graisses alimentaires dans la sévérité de la thrombose
induite chez le rat dans le modèle de Hornstra (1973).*

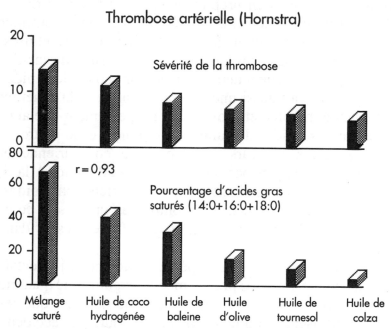

Les acides myristique (14:0), palmitique (16:0) et stéarique (18:0) constituent
les trois principaux acides gras saturés de l'alimentation humaine.

richesse des graisses en acides gras saturés et la sévérité de la thrombose. Les graisses saturées expliquent 86 % des thromboses.

En 1959, Thomas et Hartroft parvenaient à provoquer des phénomènes thrombotiques chez le rat en modifiant simplement l'alimentation. Mais en raison de la sévérité du régime imposé, les thromboses, situées dans les cavités cardiaques et les artères coronaires, étaient peu nombreuses, de l'ordre de 20 à 30 %. Les deux chercheurs (1962) réussirent néanmoins à établir que le beurre de cacao était, avant le beurre, la graisse associée le plus fréquemment aux thromboses, alors que les huiles végétales protégeaient parfaitement contre ce risque.

En 1960, j'ai décidé de reprendre et d'améliorer ce modèle dans lequel les habitudes alimentaires constituaient la principale explication à l'apparition du phénomène thrombotique. Dans un premier temps, j'ai tenté de dissocier les différents éléments du régime afin de déterminer ceux qui étaient essentiels à la production des thromboses. En plus des graisses, le régime initial comprenait des acides biliaires qui provoquent une augmentation rapide des lipides du sang. Il y avait aussi une substance inhibant la fonction de la glande thyroïde et provoquant indirectement une augmentation des lipides du sang : j'y renonçai et le pourcentage d'animaux porteurs de thrombose coronarienne et d'infarctus cardiaques passa de 35 à 85 % (Renaud, Allard, 1962). Le régime final était équilibré, riche en lipides, comme celui des humains, et ne comprenait qu'un seul composé anormal, l'acide cholique, acide biliaire présent dans l'intestin.

Pour que les animaux récupèrent rapidement, j'injectais immédiatement après les prélèvements sanguins une quantité égale de sérum physiologique, succédané du sang que les hôpitaux utilisent quotidiennement. Un jour, par accident, j'utilisai du sérum qui n'avait pas été stérilisé. Quels ne furent pas ma surprise et mon désespoir de constater, le lendemain, que presque tous les rats étaient morts ! L'autopsie révéla que tous avaient des infarcissements[1] du foie consécutifs à de multiples thromboses dans les veines hépatiques. J'en vins rapidement à suspecter le sérum physiologique dans le déclenchement de l'hécatombe et l'apparition de lésions sans précédent.

De fait, les cultures bactériennes se révélèrent positives, indiquant que le sérum avait été contaminé. La bactérie isolée du sérum physiologique et injectée à d'autres animaux du même groupe déclencha une nouvelle apparition de thromboses hépatiques. Toujours active après chauffage, elle agissait par les toxines qu'elle contenait et l'endotoxine de colibacille achetée dans le commerce se révéla aussi efficace que la bactérie elle-même. C'était, à ma connaissance, la première fois qu'on démontrait qu'un microbe banal pouvait, par ses toxines, déclencher un phénomène thrombotique général dans le système veineux.

J'ai par la suite utilisé de façon régulière ce modèle expérimental afin d'étudier le rôle des graisses et les mécanismes impliqués dans la production thrombotique. Il présentait en effet plusieurs avantages. Il est facilement reproductible et la proportion d'animaux atteints est souvent près de 100 %. Il est facilement quantifiable, car les thromboses responsables d'infarcissements sont visibles à l'œil nu. On peut en mesurer précisément l'étendue en les pesant. Il permet d'étudier l'effet de facteurs importants pour l'homme, tels les régimes riches en graisses saturées, les infections bactériennes ou les toxines. Il peut être déclenché au moment voulu par le chercheur, pour peu que les animaux

---

1. L'équivalent d'un infarctus, mais la thrombose survient dans une veine plutôt que dans une artère.

aient été nourris durant deux à trois mois avec un régime riche en graisses.

Certes, il s'agissait de thromboses veineuses, non de thromboses coronariennes. Mais, l'étude de Norvège (Stormorken, 1973-1974) l'avait montré, une alimentation qui prédispose à la thrombose des coronaires prédispose également aux thromboses veineuses. D'autres études ont même établi qu'on ne trouvait de thromboses veineuses que dans les pays où les thromboses artérielles étaient fréquentes (Thomas et coll., 1960).

Je découvris aussi que, si, au lieu d'une toxine bactérienne, on injectait aux animaux ayant suivi un régime identique de l'adrénaline, hormone libérée au moment du stress, on déclenchait cette fois des thromboses dans les coronaires, le plus souvent dans les cavités cardiaques, en particulier dans les oreillettes (Renaud et Godu, 1969).

Que la thrombose, selon le facteur déclenchant, adrénaline ou toxine bactérienne, apparaisse dans le cœur ou dans les veines du foie, indique que le régime de ces rats prédispose d'une manière générale à la thrombose. C'est bien la reproduction de ce qui a été observé, durant la guerre, en Norvège et ailleurs. Le rôle du facteur déclenchant est, semble-t-il, de provoquer le phénomène et de sélectionner le site où apparaît la thrombose. Enfin, la thrombose hépatique, plus facilement quantifiable que la thrombose cardiaque, est utile pour déterminer les facteurs du régime responsables de la thrombose et préciser les mécanismes impliqués dans son apparition.

Grâce au test de coagulation appelé PCT, nous avons pu déterminer quel était le facteur responsable des variations du risque de thrombose.

Comme on le voit, le temps de coagulation du plasma (PCT) change avec l'alimentation lipidique. Or, parmi les facteurs intervenant dans le processus de coagulation, l'un est constitué par la partie lipidique de la membrane des pla-

Relation entre le type de graisses alimentaires et la sévérité de la thrombose induite dans les veines hépatiques.

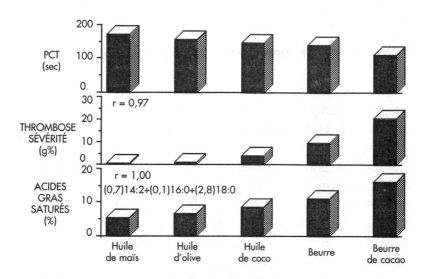

Comme dans l'étude de Hornstra sur un modèle tout à fait différent, on voit que la sévérité des lésions doit être rattachée à la somme des trois principaux acides gras saturés de l'alimentation humaine que sont les acides myristique (14:0), palmitique (16:0) et stéarique (18:0).

La sévérité des thromboses n'est pas reliée au niveau du cholestérol sérique. En revanche, elle est très bien reliée au premier test de coagulation que nous avons utilisé (PCT) appelé temps de coagulation du plasma. Plus le temps est long, moins est forte la tendance aux thromboses, plus il est court (on dit accéléré), plus la sévérité des thromboses est grande. (Adapté de Gautheron et Renaud, 1972.) Dans ce modèle, la somme des trois acides gras saturés avec les coefficients indiqués explique 100 % de la sévérité des thromboses.

quettes sanguines. Comme nous l'avons démontré chez le rat et chez l'homme (Renaud et Lecompte, 1970), c'est l'activité de ce facteur de coagulation d'origine lipidique qui est responsable de la valeur de notre test. C'est naturellement elle que vient modifier le régime alimentaire. Dans nos études ultérieures (Gautheron, Renaud, 1972), nous avons pu établir que la modification de l'activité membranaire résultait précisément de la modification en acides gras des plaquettes.

L'agrégation plaquettaire

Ces résultats nous ont amené tout naturellement à nous intéresser aux plaquettes sanguines dont le rôle comme point de départ de la thrombose est primordial. Gustave V. R. Born, chercheur britannique, avait déjà découvert un moyen simple de mesurer dans des tubes à essai la réponse des plaquettes à l'agrégation lorsqu'elle est stimulée par différentes substances telles l'ADP ou la thrombine (Born, 1972). Fraser Mustard, son disciple canadien, me persuada de recourir à cette technique qu'il avait lui-même perfectionnée par la mise au point d'agrégomètres.

Les rats, préparés et nourris à l'Institut de cardiologie de Montréal où j'avais mon laboratoire, étaient envoyés à l'université MacMaster (Hamilton, Ontario) où je me rendais au moment convenu pour les prises de sang et les tests.

D'après nos résultats, la réponse des plaquettes sanguines à l'agrégation déclenchée par la thrombine est beaucoup plus importante chez les animaux nourris de graisses saturées qui sont les seuls à présenter des phénomènes thrombotiques (Renaud, Kinlough, Mustard, 1970). Était ainsi démontré pour la première fois qu'un régime riche en graisses saturées, en plus de son effet sur le cholestérol, augmentait la réactivité des plaquettes à l'agrégation, probablement responsable de la production de thromboses.

On sait qu'en présence d'une thrombose les plaquettes s'agrègent plus volontiers et se collent aux parois des vaisseaux ; elles favorisent également la production de fibrine qui consolide le thrombus et l'attache aux parois du vaisseau. Mais l'agrégation plaquettaire est-elle seulement un

*Relation entre l'agrégation plaquettaire à la thrombine
et la tendance à la thrombose chez des rats nourris par un régime
riche en graisses saturées pendant cinq à dix semaines.*

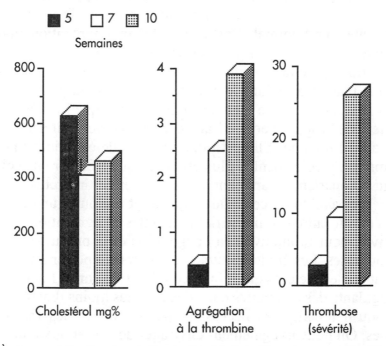

À cinq semaines, l'ampleur de l'agrégation à la thrombine est peu marquée. Elle l'est un peu plus à sept semaines et devient très importante à dix semaines. Les différences dans l'agrégation sont proches des différences dans la sévérité des thromboses à cinq, sept et dix semaines. En revanche, le niveau du cholestérol est plus élevé à cinq semaines qu'il ne l'est à sept et à dix. Ceci démontre que l'agrégation des plaquettes est, à la différence du cholestérol, un bon marqueur de la tendance à la thrombose chez l'animal.

marqueur du risque de thrombose ou bien un facteur causal, responsable de la thrombose ?

La réponse nous a été fournie par l'étude de l'aspirine administrée au moins deux heures avant d'induire un phénomène thrombotique. L'aspirine est connue aujourd'hui pour inhiber l'agrégation des plaquettes chez l'homme et chez l'animal, sans avoir d'effet sur les lipides du sang. Dans notre étude, une dose d'aspirine réduisait l'agrégation plaquettaire de 70 % et la production de thrombose de 75 % (Renaud, Godu, 1970). On montrait ainsi pour la première fois que, sur l'animal, l'aspirine inhibait l'agrégation plaquettaire, mais aussi la production de thrombose. L'effet de l'aspirine sur le rat démontrait ainsi le rôle causal de l'agrégation plaquettaire dans le phénomène thrombotique.

Il faudra attendre bien des années avant que l'effet protecteur de l'aspirine contre l'accident coronarien soit démontré chez l'homme. Elle est pourtant considérée aujourd'hui comme le médicament le plus efficace pour prévenir un accident coronarien, notamment après un premier infarctus.

L'ensemble de ces études sur le rat a montré une relation étroite entre la réponse des plaquettes à l'agrégation, leur activité pour promouvoir la coagulation et la production de thromboses. Les études pouvaient maintenant porter uniquement sur les facteurs qui influencent l'agrégation et l'activité coagulante des plaquettes dans des régimes moins drastiques puisqu'il n'était plus nécessaire de provoquer des thromboses. On pouvait également envisager de passer aux études sur l'homme pour déterminer si, comme chez l'animal, la réactivité des plaquettes sanguines était influencée par l'alimentation, notamment par les graisses saturées.

Le rat n'est pas un petit homme. Mais la mise au point de techniques (agrégation plaquettaire, tests d'activité coagulante des plaquettes, agrégomètre), sans lesquelles les études humaines n'auraient pas eu le succès qu'elles ont eu, ont été réalisées grâce aux études animales. À l'inverse, lors des études menées sur l'homme, des effets inattendus ont été observés. Leur vérification sur l'animal, entreprise immédiatement, a permis de confirmer avec succès les relations observées. C'est par exemple le cas pour l'alcool, le vin ou le calcium dans la nourriture.

5

Des concurrents
peu sérieux

Lorsque des chercheurs ont établi une relation entre deux phénomènes, ils n'en ont pas pour autant démontré que l'un était la cause de l'autre. La consommation de graisses saturées explique-t-elle la mortalité coronarienne ou masque-t-elle la véritable explication ?

Les pays à forte consommation de graisses saturées sont principalement les pays nordiques où le climat est rude, et les pays industriels où l'atmosphère est polluée. Les populations qui consomment le plus de graisses saturées sont aussi celles qui ont les meilleurs revenus, donc souvent les responsabilités les plus importantes : elles vivent dans un état de tension permanent. Outre le climat, la pollution et le stress, on peut encore évidemment invoquer le facteur génétique.

Certes, ces différents facteurs peuvent jouer un rôle dans le développement de la maladie coronarienne. Mais nous n'aurons aucune certitude tant que certaines habitudes alimentaires précises n'auront pas été transposées sous d'autres cieux et d'autres climats. En attendant, différentes études nous permettent d'ores et déjà d'apporter des éléments de réponse.

Hérédité, environnement et mode de vie

Tout médecin a connu des familles où plusieurs membres étaient décédés à un âge précoce d'une maladie coronarienne. Ce type d'observation suggère une prédisposition génétique transmise par les parents. On a même vu se produire des infarctus chez des jeunes de moins de vingt ans. Ce phénomène n'est observable que chez des homozygotes qui ont hérité par leur père et par leur mère du gène de l'hypercholestérolémie. Des études actuellement en cours tentent de déterminer avec précision si, en dehors des cas d'hyperlipidémies, certains gènes peuvent être responsables de la prédisposition aux maladies coronariennes. Quoi qu'il en soit, aujourd'hui on estime que le pourcentage d'hyperlipidémie d'origine génétique est de l'ordre de 2 pour 1 000. Il s'agit donc d'une minorité.

À Framingham, petite ville située à l'est de Boston, les sujets avaient en moyenne le même taux de cholestérol (2,39 à 2,40 g par litre), qu'ils aient ou non fait un infarctus. Dans une étude de prévention que nous avons nous-même menée, le cholestérol moyen des coronariens était de 2,5 g par litre et sur nos six cents patients, trois cents avaient même un taux inférieur à 2,5 g, ce qui est le niveau normal. En France et aux États-Unis, la majorité des patients coronariens ne souffrent pas d'hypercholestérolémie.

En dehors du cholestérol, d'autres facteurs transmis par les parents peuvent prédisposer à la maladie des coronaires telle l'hypertension. Néanmoins, lorsqu'on parle d'antécédents familiaux, il est très difficile de faire la part entre les facteurs réellement génétiques, c'est-à-dire transmis par les gènes, et les habitudes de vie, au premier rang desquelles figurent les habitudes alimentaires. En général, les membres d'une même famille mangent des aliments identiques préparés de façon identique. De plus, lorsque les enfants quittent le foyer familial, ils conservent d'ordinaire les habitudes alimentaires qu'ils avaient appréciées dans leur jeunesse. Les hommes demandent ainsi fréquemment à leur femme de cuisiner comme le faisait leur mère ! Plusieurs études réalisées au cours des décennies passées peuvent pourtant nous aider à distinguer l'héréditaire de l'alimentaire.

L'étude sur les Japonais a permis de comparer des populations de même origine ethnique mais vivant dans un environnement différent. Établie entre 1965 et 1970, elle a montré que les Japonais vivant au Japon avaient un pourcentage de maladies coronariennes très inférieur aux Japonais installés à Hawaii ou en Californie (Kagan et coll., 1974 ; Robertson et coll., 1977). En Californie, la proportion de maladies coronariennes chez les habitants d'ascendance japonaise était même sensiblement voisine de celle des habitants d'origine européenne, c'est-à-dire d'un grand nombre d'Américains.

La protection des Japonais du Japon n'est donc pas due à un facteur racial ou génétique mais à un facteur d'environne-

Comparaison entre les Japonais
vivant au Japon, à Hawaii ou en Californie (45-68 ans).

	Japon	Hawaii	Californie
Maladie coronarienne (par 100 000 hommes)	160	280	380
Régime (% calories)			
Lipides	15	33	38
Acides gras saturés	3	12	14
Alcool	9	4	3
Fumeurs (%) (10 à 20 cigarettes)	54	23	21

ment. Or à Hawaii ou en Californie, le climat et la pollution ne doivent pas être pires qu'au Japon. Le niveau de stress est difficilement évaluable, mais les Californiens semblent plutôt calmes. On peut, en revanche, invoquer le changement d'habitudes alimentaires et notamment la consommation de graisses saturées et d'alcool. Lorsqu'ils se sont installés aux États-Unis, les Japonais ont changé d'habitudes alimentaires. La consommation totale de graisses exprimée en pourcentage de calories a augmenté (33 % à Hawaii, 38 % en Californie mais 15 % au Japon) comme la part d'acides gras saturés (12 % et 14 % contre 3 %). La consommation d'alcool a diminué de 9 % à 3 % des calories tandis que le pourcentage de fumeurs se réduisait de 54 % à 21 %. En un demi-siècle, les Japonais ont adopté les habitudes alimentaires des Américains mais aussi leur comportement face à l'alcool et au tabac.

Au Japon, pendant ce temps, la mortalité coronarienne continuait de baisser pour atteindre en 1992 le chiffre de quarante-six pour cent mille hommes. En 1993, l'espérance de vie à la naissance était de soixante-seize ans pour les hommes et de quatre-vingt-trois ans pour les femmes (OMS, 1993) contre, respectivement, soixante-treize et demi et quatre-vingt-deux en France. En quarante ans, elle s'est donc accrue de vingt-cinq ans pour les hommes et de trente ans pour les femmes. Aucun facteur génétique ne peut expliquer ce bond spectaculaire. L'amélioration des conditions de vie et des soins médicaux a certainement eu un rôle. Mais c'est la modification des habitudes alimentaires qui semble devoir être mise au premier plan. Dans les trente dernières années, la consommation d'acides gras saturés qui représentait 2,5 % des calories en 1957 est passée en 1982 à 7 % des calories, niveau où elle s'est maintenue depuis. D'une manière générale, on assiste au Japon depuis 1980 à une stabilisation des habitudes alimentaires et de la consommation des lipides totaux à 25-26 % des calories (*Annual Report of Nutrition Survey*, 1947-1991).

*Évolution des habitudes alimentaires et de la maladie
coronarienne au Japon (hommes de 40 à 69 ans).
Adapté de Uemura et Pisa (1985),
Hirai et coll. (1957) et Ohno (1985).*

	1957	1972	1982
Mortalité coronarienne (par 100 000)	–	83	65
Diète			
Lipides (% calories)	9,4	20	24
Acides gras saturés	2,5	–	7
Rapport P/S	1,2	–	0,7

Le Japon est le seul pays depuis 1970 où la mortalité coronarienne a baissé alors que la consommation de lipides et de graisses saturées augmentait : 25 % de calories en lipides dont 7 % sous forme d'acides gras saturés semblent bien l'idéal qu'aucune autre nation industrialisée n'a pu atteindre.

L'étude des adventistes du Septième Jour a été menée en Californie pendant six ans. Elle prenait pour terme de comparaison des Californiens non adventistes vivant dans la même région, utilisant la même eau et travaillant dans les mêmes conditions (Phillips, 1979). La principale différence tenait aux habitudes alimentaires.

Parmi les adventistes, 42 % étaient lacto-ovo-végétariens et 2 % entièrement végétariens (*vegans*) ; le reste consommait du poisson, de la volaille et de la viande mais moins fréquemment que les non-adventistes. Tous limitaient également leur consommation de tabac et d'alcool.

Comme on le voit dans le tableau ci-dessous, la mortalité coronarienne des adventistes lacto-ovo-végétariens est de

Mortalité coronarienne et habitudes alimentaires
des adventistes du Septième Jour en Californie.

	Adventistes		Non-adventistes
	Lacto-ovo-végétariens	Autres	
Mortalité coronarienne (hommes de 35 à 64 ans)	39	56	100
Diète Lipides totaux (% calories) Acides gras saturés Rapport P/S	0,36 0,11 0,45	– – –	0,43 0,16 0,28

trente-neuf, celle des adventistes non végétariens de cinquante-six, celle des non-adventistes de cent.

Après vingt et un ans de suivi, les résultats pour la mortalité coronarienne et la mortalité totale n'avaient pas changé. Snowdon (1984) pouvait en tirer les conclusions suivantes. La protection des adventistes n'est pas d'origine génétique. Elle n'est pas due à des facteurs d'environnement tels que le climat, le degré de pollution ou la qualité de l'eau potable. Cette protection semble principalement s'expliquer par les habitudes alimentaires. La consommation de poisson ou d'huile polyinsaturée riche en acide linoléique ne semble pas déterminante. En revanche, celle de viande paraît nuisible en forte quantité et celle de noix bienfaisante. Snowdon estimait lui-même ne pas avoir identifié les facteurs nutritionnels responsables.

L'Étude des migrants australiens est venue confirmer les résultats précédents. En 1980, 29 % des hommes vivant en Australie étaient nés dans un autre pays. Nombre d'entre eux y séjournaient depuis plus de vingt ans. On pouvait donc étudier, dans des conditions d'environnement semblables à celles des Australiens de souche, leur sensibilité aux problèmes de santé. Le tableau ci-dessous fait apparaître que les émigrés provenant de pays méditerranéens ont une mortalité coronarienne très inférieure à celle des Australiens d'origine. Je me suis contenté d'établir la moyenne des aliments consommés par les trois communautés grecque, italienne et yougoslave dont le régime alimentaire est voisin. Comparés aux Australiens nés en Australie, les migrants d'origine méditerranéenne consomment plus de pain, de légumes, de fromage, de fruits, de vin − en particulier les Grecs − et d'huile d'olive mais moins de lait et de beurre.

Mortalité coronarienne et habitudes alimentaires
chez les migrants australiens comparés
aux Australiens de souche.
Adapté de Dun, 1982 et McMichael, 1981.

	Migrants			
	Australie	Grèce	Italie	Yougoslavie
Mortalité coronarienne (hommes 45-54 ans par 100 000)	269	102	130	111
Habitudes alimentaires	Australie	Grèce	Italie	Yougoslavie
Pain	67		109	
Légumes	14		39	
Lait (g/jour)	254		156	
Fromage	17		21	
Beurre	7		3	
Vin	81		150	

Après plusieurs années en Australie, les Méditerranéens qui ont conservé leurs habitudes alimentaires traditionnelles restent remarquablement protégés contre la maladie coronarienne. Mais les habitudes alimentaires sont-elles bien responsables de cette protection ? La protection des Méditerranéens n'a-t-elle pas une origine génétique ?

Voici les résultats de l'étude Stenhouse et McCall (1970) menée sur des sujets âgés de cinquante à cinquante-neuf ans.

Mortalité cardio-vasculaire par 100 000,
chez des sujets âgés de 50 à 59 ans.

Pays d'origine	Années de résidence en Australie	Hommes	Femmes
Écosse	OMS	587	160
	0 - 6	275	107
	7 - 19	511	175
	20 et plus	**690**	186
Italie	OMS	228	077
	0 - 6	123	041
	7 - 19	170	068
	20 et plus	344	139
Australie		**592**	167

On peut observer dans ce tableau que la mortalité cardio-vasculaire des Écossais et des Italiens, hommes et femmes, a augmenté avec le nombre d'années passées en Australie. Pour les Écossais, elle finit même, après un séjour de vingt ans et plus, par dépasser celle des Australiens d'origine.

Or les chiffres de l'OMS nous permettent de connaître pour la même époque (1963) la mortalité des Écossais ou des Italiens ayant le même âge mais n'ayant pas quitté leur pays d'origine.

La mortalité cardio-vasculaire des migrants établis depuis moins de vingt ans est inférieure à celle de leurs compatriotes d'origine. Après vingt ans et plus, elle devient supérieure. Le facteur héréditaire semble donc peu important puisque le risque de maladies cardio-vasculaires, quelle que soit l'origine ethnique, augmente considérablement avec le nombre d'années passées en Australie. Après vingt ans, la mortalité des Italiens devient même supérieure à celle des Écossais installés depuis moins de six ans en Australie. De ce point de vue, l'Australie a transformé les Italiens en Écossais. Ces changements ne sont pas liés au climat, à la qualité de l'eau ou à la pollution qui sont identiques pour tous. Ils sont probablement dus à la modification lente et progressive des habitudes alimentaires. Plus fidèles à leurs traditions culinaires, les Grecs ont mieux résisté en Australie : ils y ont la meilleure espérance de vie.

Aux esprits chagrins qui pensaient peut-être encore que le climat, la pollution, le contenu des eaux potables ou le stress jouaient un rôle décisif dans le déclenchement d'une crise cardiaque, les résultats de ces deux dernières études confirment le rôle prépondérant du facteur nutritif.

Stress et maladie coronarienne

On sait depuis longtemps qu'une crise cardiaque ou une mort soudaine surviennent fréquemment à la suite d'un choc émotif ou d'un exercice physique, bref d'un état de stress.

C'est au Pr Hans Selye de l'université de Montréal que l'on doit l'invention de ce mot il y a plus de cinquante ans. Selon sa définition, le stress est la somme de tous les changements non spécifiques de notre organisme qui résultent de son fonctionnement ou des contraintes extérieures dont il peut être l'objet. Par exemple, la fracture du tibia lors d'une descente à skis a pour effet spécifique immédiat l'immobilisation de la jambe touchée : le patient ne peut plus skier ou marcher. Immédiatement après la fracture, la libération de l'adrénaline a déclenché ce que Selye a appelé la « réaction d'alarme ». Cette hormone a facilité l'arrêt du saignement s'il y a eu blessure externe, et stimulé l'organisme afin qu'il puisse faire face à la nouvelle situation et libérer d'autres hormones. Le cortisol est l'une des hormones libérées par l'homme dans les conditions de stress. C'est l'équivalent de la cortisone du rat, dont il dérive d'ailleurs. Le cortisol et la cortisone ont notamment pour rôle de limiter l'inflammation qui résulte du traumatisme subi.

Si, au lieu d'une fracture, l'individu est soumis à un autre type de stress, par exemple à une agression dans la rue ou à un licenciement brutal sans préavis, les jambes continueront cette fois de fonctionner. Mais, comme pour la fracture, il y aura une décharge d'adrénaline qui permettra à l'individu de faire éventuellement face à son agresseur ou à son employeur peu scrupuleux. La libération de cortisol aura également lieu et pourra en hiver favoriser par exemple l'apparition d'une grippe, d'une angine, ou d'un rhume dans les jours qui suivent.

La libération d'hormones comme l'adrénaline ou le cortisol n'est donc pas liée spécifiquement à un certain type d'atteinte, blessure, maladie infectieuse ou situation de crise. Elle constitue un phénomène beaucoup plus général que Selye a qualifié de non spécifique parce qu'il survient dans tout état de stress, émotionnel, physique ou autre.

Au début de mes propres recherches, j'ai voulu voir sur le rat et le lapin si une situation stressante, répétée une fois par semaine pendant six mois, augmentait la sévérité des lésions d'athérosclérose ou les prédispositions à la thrombose. Deux groupes d'animaux suivaient un régime identique, riche en beurre (30 à 40 % des calories comme chez l'homme) et en cholestérol. Un seul était soumis au stress. Le stress agissait-il ici comme sur les maladies infectieuses ?

Lorsque Selye attachait des rats sur une planche pendant plusieurs heures, leur injectait sous la peau un liquide très irritant, par exemple du formol, ou encore pratiquait sous anesthésie une importante intervention chirurgicale sur l'abdomen, il induisait dans les trois cas un état de stress similaire. S'il injectait alors certains microbes qui, chez un animal non stressé, ne provoquent aucune maladie infectieuse, une infection se développait qui pouvait être mortelle chez les rats stressés.

On sait aujourd'hui que, dans une situation difficile, l'animal stressé réagit comme l'homme et peut développer un ulcère gastrique. On a appris depuis peu que l'ulcère gastrique chez l'homme était dû au développement d'une infection bactérienne dans la paroi de l'estomac. Le mécanisme est ainsi plus clair : le stress favorise le développement de l'infection responsable de la formation de l'ulcère.

Au lieu de produire un stress, d'autres chercheurs ont choisi d'injecter pendant plusieurs mois de la cortisone aux animaux du groupe expérimental. Selon eux, le stress pouvait prédisposer à la crise cardiaque en stimulant la production de cette hormone ou plutôt de son équivalent chez l'homme, le cortisol. Leur étude comprenait deux groupes d'animaux nourris de cholestérol ou de graisses saturées. Un seul recevait quotidiennement de la cortisone.

Or, dans les deux cas, que l'on soumette des animaux de laboratoire à un stress régulier ou qu'on leur injecte des hormones corticosurrénaliennes, les lésions d'athérosclérose sont moins sévères ou moins nombreuses (Gordon, 1954 ; Dury, 1959 ; Renaud, 1966 et 1968) et le nombre de thromboses moins élevé. Loin de la favoriser, on prévient donc par les deux méthodes l'apparition de phénomènes liés à la maladie coronarienne.

Pourtant, le groupe de San Francisco avait clairement montré que les individus qui présentaient un syndrome émotionnel de type A, caractérisé par un sentiment d'urgence et une animosité à fleur de peau, avaient sept fois plus de maladies coronariennes que les autres (type B) (Friedman et coll., 1959, 1975, 1986). Un comité du National Institute of Health des États-Unis en avait conclu que le comportement de type A était un facteur de risque pour la maladie coronarienne au même titre que l'hypercholestérolémie, l'hypertension ou le tabagisme (*The Review Panel*, 1981). Mais il reconnaissait qu'on ne savait pas si un tel comportement était la cause de l'augmentation du risque ou s'il agissait indirectement. Les individus de type A pouvaient avoir des habitudes alimentaires différentes des autres. Dans une petite étude, Friedman avait d'ailleurs observé qu'ils consommaient 65 % de plus d'alcool que les seconds (Friedman et coll., 1970). Une étude plus récente menée sur quatre-vingt-un sujets (Camargo et coll., 1986) a confirmé que les sujets de type A consommaient deux fois plus d'alcool que ceux du type B. En revanche, la consommation de graisses, saturées ou polyinsaturées, de sucres ou de protéines était semblable dans les deux groupes. Les résultats obtenus aux États-Unis sur plus de douze mille patients sont similaires (Multiple Risk Factor Intervention Trial, Falsom et coll., 1985) : la consommation d'alcool était chez les sujets de type A supérieure de plus 30 %. L'étude MRFIT en concluait que la fréquence de la consommation d'alcool était plus étroitement associée au comportement de type A que le nombre de cigarettes, la pression artérielle, le cholestérol sérique, l'âge, le revenu familial ou le statut marital.

Le groupe de Friedman a organisé une étude de prévention secondaire sur huit cent soixante-deux des patients de type A qui ont été répartis par tirage au sort dans deux groupes. Au groupe expérimental on recommandait la relaxation musculaire et la psychothérapie (Friedman, 1986). Après plus de quatre ans de traitement, le nombre des récidives cardiaques avait baissé d'environ 50 % – résultat significatif (p < 0.01) du point de vue statistique – sans que le taux de cholestérol sérique en ait été modifié. Les sujets qui, en raison de leur tempérament ou de leurs conditions de vie, connaissent un état de stress permanent sont bien remarquablement prédisposés à la crise cardiaque.

Aujourd'hui, on n'a pas encore élucidé les mécanismes de cette prédisposition chez les sujets de type A. Sans doute aurait-il convenu de faire préciser davantage les habitudes alimentaires des deux types. Je serais surpris que les sujets qui courent sans cesse après le temps aient la même façon de boire et de manger que les gens d'un tempérament plus calme, d'autant que leur cholestérol sanguin est beaucoup plus élevé. Pour ma part, je pense qu'un stress ou une activité physique peuvent provoquer une crise cardiaque même chez des individus dont l'anxiété n'est pas l'état psychique habituel. Chez les sujets déjà porteurs d'athérosclérose et prédisposés par un régime riche en graisses saturées, un tabagisme important ou autres facteurs, le stress déclenche la crise cardiaque et la mort soudaine par le biais d'hormones comme l'adrénaline et surtout la noradrénaline qui a une structure chimique voisine. Ces substances sont, lors de la réaction d'alarme de Selye, sécrétées en abondance, en particulier la seconde (Carruthers, 1969). Toutes deux ont pour effet de provoquer l'augmentation de la pression artérielle et du rythme cardiaque (Sherwood et coll., 1986) et de déclencher l'agrégation des plaquettes sanguines. Sur des plaquettes hyperactives, modifiées par des habitudes alimentaires aberrantes, par le tabagisme, le diabète ou le vieillissement, une thrombose apparaît. Le même phénomène thrombotique se produit d'ailleurs lorsqu'on injecte de l'adrénaline à un animal (Renaud, Godu, 1969). Dans des conditions identiques de stress, la thrombose ne survient pas chez des sujets plus jeunes ou en meilleure santé.

Pour les sujets de type A, comparés aux sujets de type B, la libération de noradrénaline serait plus importante (Friedman et coll., 1960) en raison de l'émotion paroxystique que suscite en eux le stress. En somme, le stress agirait principalement en déclenchant la crise cardiaque chez les individus qui y sont prédisposés par les facteurs de risque bien connus.

La preuve par l'exemple : Roseto

Il était une fois, au sommet d'une colline sauvage, une petite ville américaine bénie du ciel depuis sa fondation en 1882 par des émigrés originaires d'une ville d'Italie du Sud située près de l'Adriatique. À leur arrivée aux États-Unis, des émigrés originaires d'une ville d'Italie du Sud avaient trouvé du travail dans les carrières d'ardoise de Bangor. En dépit des difficultés, ils augmentèrent peu à peu leur communauté, firent venir leur famille et bâtirent à quelques kilomètres de Bangor leur propre bourgade qu'ils nommèrent Roseto, du nom de leur ville d'origine, Roseto Val Fortore. Sous la direction d'un prêtre énergique et entreprenant, le père Donesco, Roseto se fit reconnaître en 1912 comme bourg italo-américain de Pennsylvanie. Si la petite ville connut, dans les années qui suivirent, un développement économique considérable, sa population resta à peu près stable. On l'évaluait à mille six cents habitants. Il se trouva un médecin italien, le Dr Benjamin Falcone, pour remarquer que la maladie des coronaires était beaucoup plus rare à Roseto qu'à Bangor. Cette observation fut transmise au Dr Stewart Wolf qui, aidé de son collègue John G. Bruhn, décida d'examiner de plus près ce qu'il en était (1966, 1973, 1993).

Ils constatèrent en effet qu'il y avait moitié moins de crises cardiaques à Roseto qu'à Bangor, Nazareth ou Stroudsburg. Ces trois localités étaient voisines. La première avait été fondée par des colons gallois, la seconde par des émigrés allemands. La troisième, enfin, regroupait différentes ethnies. On supposa d'abord que les habitants de Roseto étaient protégés contre la maladie par un facteur héréditaire. Il n'en était rien puisque ceux qui n'habitaient pas, comme leur famille, à Roseto n'étaient pas protégés. Avec les mêmes facteurs de risque – tabagisme, hypertension, diabète – et parfois la même hérédité que leurs voisins, les Rosétains avaient développé une remarquable protection contre la maladie coronarienne. Wolf et Bruhn (1993) l'expliquaient par la cohésion sociale et l'étroitesse des liens familiaux qui unissaient les habitants de la ville. Les Rosétains, qui pratiquaient la coopération et l'entraide plutôt que la compétition, ignoraient le stress. Le plus riche et le plus modeste se ressemblaient. À Roseto, on pensait que celui qui affichait sa fortune ou sa supériorité serait puni par le sort.

Quoi qu'il en soit, entre 1955 et 1961, la mortalité coronarienne était beaucoup plus faible à Roseto que dans les villes voisines. Elle était inférieure de 72 % pour les hommes et de 46 % pour les femmes. La mortalité totale y était également moins élevée de 32 %.

On avait bien remarqué que Roseto différait par son régime alimentaire des autres villes de Pennsylvanie. Ces habitudes alimentaires étaient celles de l'Italie du XIXe siècle. On consommait principalement des céréales, des légumes et des fruits. Plus de la moitié des familles utilisaient l'huile d'olive (57 %). Toutes buvaient du vin. À l'époque, au début

Mortalité annuelle standardisée pour l'âge,
par 100 000 habitants.

	Mortalité coronarienne		Mortalité totale
	Hommes	Femmes	Hommes
Roseto	109	89	972
Bangor	363	186	1300
Nazareth	423	212	1522
Stroudsburg	376	96	1454

des années soixante, 50 % des Rosétains faisaient encore leur propre vin ; ils en donnaient la moitié à leurs parents et amis. Le raisin utilisé provenait en partie des jardins privés où l'on cultivait également une grande variété de légumes et de fruits : laitues, choux, poivrons, oignons, pois, haricots, endives, radis, courgettes, tomates, maïs, betteraves, concombres, persil, figues, pêches, poires, pommes, cerises, prunes et bien d'autres encore. Les deux boulangers de Roseto préparaient aussi chaque jour du pain, des pizzas, des tartes au poisson, des pastas et des bretzels.

Mais comme le taux de cholestérol était voisin dans les quatre villes, les chercheurs ne pouvaient croire au rôle protecteur de la diète. Ils ne pouvaient d'ailleurs pas imaginer que des habitudes alimentaires qui allaient à l'encontre des idées de l'American Heart Association puissent être responsables de la protection remarquable des habitants de Roseto.

Brutalement, entre 1965 et 1974, la mortalité coronarienne augmenta à Roseto de façon spectaculaire.

Lorsqu'on procéda en 1985 à une nouvelle enquête sur les habitudes alimentaires, on découvrit que la consommation d'huile d'olive avait diminué de 50 % tout comme celle de saindoux, de beurre et d'œufs. Informés, comme le reste de la population américaine, du rôle néfaste des graisses et du cholestérol dans la maladie coronarienne, les Rosétains avaient changé de régime et adopté ce que l'American Heart Association appelle le « régime prudent ». Le nombre de fumeurs avait aussi baissé, tout comme la consommation de vin. En 1961-1963, 32 % des hommes de Roseto et 12 % des femmes fumaient ; en 1985, ils n'étaient plus que 22 % et 9 %. Le nombre de Rosétains producteurs de vin avait également chuté, passant de 50 à 10 %, et la consommation baissé en proportion.

En quelques années, les habitudes alimentaires de Roseto avaient évolué du type méditerranéen au type prudent, le nombre de fumeurs avait baissé, la consommation de vin diminué : le cholestérol sanguin avait augmenté et la mortalité coronarienne grimpé de plus de 100 %.

Les auteurs de l'étude ont expliqué ce dernier résultat par l'évolution accélérée qu'avait connue la société de Roseto : perte de la cohésion sociale et de la solidarité familiale, arrivée d'épouses étrangères ou encore adhésion des nouvelles générations au rêve américain. Il est vrai que ces changements qui sont indirectement responsables des modifications alimentaires ont contribué à faire perdre aux habitants leur immunité.

Lorsqu'on démontre, comme nous l'avons fait, qu'un régime méditerranéen comparé à un régime prudent peut réduire en quelques mois de plus de 70 % la mortalité coronarienne sans pour autant modifier le cholestérol (de Lorgeril, Renaud et coll, 1994), on peut facilement comprendre que l'inverse soit vrai. C'est la triste expérience offerte par Roseto, ville bénie du ciel et qui l'est demeurée tant qu'elle a su rester fidèle à ses coutumes ancestrales !

La mortalité coronarienne n'est donc pas reliée principalement à l'hérédité, au climat, à la pollution, à la qualité de l'eau, ou même au stress. Chacun de ces facteurs peut certes apporter sa contribution, mais l'ensemble des exemples rapportés dans ce chapitre indique clairement que l'influence des habitudes alimentaires prime sur toutes autres.

C'est donc ce qu'il faut changer dans nos pays pour diminuer nos risques de mortalité et améliorer notre santé. Mais comment ? D'autres études permettent d'ores et déjà d'entrevoir une réponse.

DEUXIÈME PARTIE

SOIGNER ET PRÉVENIR LES MALADIES CARDIO-VASCULAIRES

6

Traitements médicaux et régimes alimentaires

On considère d'ordinaire qu'il est plus facile de prendre une pilule que de modifier ses habitudes alimentaires. Quoi qu'il en soit, il faut reconnaître que certains médicaments sont plus puissants qu'un simple régime alimentaire pour faire baisser le cholestérol, en particulier dans les cas de forte hypercholestérolémie. Pour autant, le médicament peut-il prévenir le développement de la maladie coronarienne ? Peut-il prévenir de nouveaux accidents coronariens et prolonger la vie de patients déjà atteints de maladie coronarienne ? Est-il, enfin, exempt à long terme d'effets secondaires qui viendraient contrebalancer son effet bénéfique sur la cholestérolémie ? S'il est sans doute plus rapide de recourir à des médicaments que de tenter de modifier notre régime alimentaire, cela ne va pas sans risque et les résultats ne sont pas forcément au rendez-vous.

Les médicaments hypolipémiants

On peut imaginer au moins deux types de médicaments : ceux qui inhibent l'absorption intestinale du cholestérol et de ses dérivés, les sels biliaires, et ceux qui inhibent sa biosynthèse. Les seconds sont les plus nombreux, la biosynthèse fournissant environ deux fois plus de cholestérol. Mais les médicaments inhibant l'absorption du cholestérol et des sels biliaires ont leur intérêt du fait qu'ils ne sont en général pas absorbés par la muqueuse intestinale et ne peuvent donc en principe pas avoir de sérieux effets secondaires.

Tous ces médicaments font l'objet de ce qu'on appelle des études d'intervention. On procède en général à une comparaison entre deux groupes. Pour être sûr que les deux groupes sont totalement comparables, on tire au sort l'appartenance de chacun des sujets. En épidémiologie, on dit que les sujets sont randomisés, leur affectation étant déterminée par un programme informatique. Le poids, la taille, le cholestérol sérique et les autres facteurs sont ainsi identiques dans les deux groupes.

On décide ensuite de n'intervenir que sur l'un des groupes auquel on prescrit, par exemple, un médicament faisant baisser le cholestérol. L'étude peut alors être à double insu ou « en aveugle » : ni les chercheurs ni les sujets ne savent s'il s'agit d'un vrai médicament qui fait baisser le cholestérol ou d'un placebo. Seules les personnes qui ont préparé les pilules en connaissent le contenu. Elles ne dévoileront le secret qu'à la fin de l'étude. On évite ainsi l'influence inconsciente que peuvent toujours avoir les patients ou les médecins sur l'effet du médicament ou sur son interprétation.

Ces études à double insu sont facilement réalisables avec des médicaments. Elles sont presque impossibles lorsqu'il s'agit de modifier les habitudes alimentaires. Inévitablement, le sujet ou le patient s'aperçoit de la modification, tout comme le médecin ou la diététicienne. On peut alors en revanche réaliser des études à simple insu : la diététicienne et le chercheur connaissent le groupe du patient qui, lui, ignore tout de l'existence d'un second groupe suivant un régime différent. Les médecins chargés d'évaluer les effets du régime sur la santé des patients ignorent également à quel groupe appartient chacun d'eux. On évite ainsi les contaminations possibles entre les deux groupes.

Le problème de la contamination a une importance capitale lorsqu'on étudie l'effet des habitudes alimentaires. L'étude américaine MRFIT (Multiple Risk Factor Intervention Trial) (1986) menée sur 361 662 hommes a coûté environ 180 millions de dollars. Elle visait à déterminer dans quelle mesure on pouvait faire baisser le nombre d'accidents coronariens dans le groupe expérimental en intervenant notamment sur le régime alimentaire. Or, comme les patients se trouvaient dans les mêmes salles d'attente, ils échangeaient des conseils diététiques et des recettes de cuisine si bien qu'à la fin les deux groupes avaient le même cholestérol sérique et les mêmes habitudes alimentaires. Le nombre d'accidents coronariens, mortels ou non mortels, était sensiblement le même de part et d'autre. Fort heureusement, la majorité des études d'intervention ne coûtent pas aussi cher et donnent des résultats plus encourageants.

La colestyramine (Questran), ou *résine hypocholestérolémiante*, a fait l'objet d'une étude menée conjointement dans plusieurs centres de recherche (Lipid Research Clinics Program, 1984). Les 3 806 hommes âgés de trente-cinq à cinquante-neuf ans avaient été sélectionnés pour leur forte hypercholestérolémie (égale ou supérieure à 2,65 g/l) et randomisés en deux groupes. Ils ne présentaient aucun symptôme de maladie coronarienne mais ne parvenaient pas, par un simple régime, à faire baisser de façon satisfaisante leur taux de cholestérol. Tandis que les témoins avalaient un placebo, le groupe traité recevait la colestyramine. Comparé au groupe témoin, après sept ans de traitement, le groupe expérimental présentait un cholestérol total plus faible de 8,5 %, les accidents coronariens mortels et non mortels avaient diminué de 19 % passant de 9,8 % à 8,1 % dans le groupe traité. Le cholestérol et le risque coronarien avaient d'autant plus baissé que la quantité absorbée de médicament était importante. La mortalité totale était restée identique dans les deux groupes, en raison notamment d'une forte hausse des morts violentes dans le groupe traité. L'incidence des accidents coronariens dans les deux groupes est restée identique durant les deux premières années. Ce n'est qu'à partir de la troisième année que l'utilisation de la colestyramine a produit une différence qui s'est d'ailleurs amplifiée avec le temps.

Le cholestérol sanguin est en grande partie synthétisé par l'organisme à partir de molécules simples. Les étapes de cette biosynthèse sont connues depuis longtemps et les substances intermédiaires identifiées. Au cours des précédentes décennies, différents médicaments ont vu le jour qui bloquent la biosynthèse du cholestérol aux différentes étapes : on les appelle *hypocholestérolémiants par diminution de la biosynthèse.*

Le *triparanol* (MER 29) a été l'un des premiers utilisés. Son action consiste à bloquer la synthèse du cholestérol au niveau du desmostérol. Son utilisation a rapidement été interrompue car l'accumulation de desmostérol qui en résultait causait des hépatites et des cataractes. Cette expérience malheureuse témoigne des difficultés inhérentes à la mise au point d'un nouveau médicament.

Le *clofibrate*, connu sous le nom de Lipavlon, a été découvert accidentellement chez le rat au cours d'études menées sur l'effet éventuellement hypolipémiant de diverses molécules. Son effet sur l'homme a été mesuré lors de plusieurs études.

La plus importante, le Coronary Drug Project, mérite d'être décrite en détail car elle constitue un modèle dans l'évaluation de nouveaux médicaments (Canner et coll, 1986). Menée dans cinquante-trois centres américains sur 8 341 patients coronariens de trente à soixante-quatre ans randomisés trois mois après un infarctus du myocarde, elle se propo-

sait d'observer l'efficacité à long terme de substances hypo-
lipémiantes et d'en vérifier l'absence d'effets nocifs. En plus
du clofibrate, on souhaitait mesurer l'effet de trois autres substances hypocholestérolémiantes : les œstrogènes (hormone
femelle), la thyroxine (hormone thyroïdienne) et la niacine
ou acide nicotinique (Dilexpol). Les traitements par les
œstrogènes et la thyroxine ont été rapidement interrompus à
cause du nombre important d'accidents vasculaires survenus
dans les groupes traités. Seuls les traitements par le clofibrate
et la niacine ont été poursuivis pendant les cinq années pré-
vues initialement.

Comparé à celui des témoins, le cholestérol sérique du
groupe expérimental avait baissé de 6,5 % pour le clofibrate
et de 9,9 % pour la niacine. L'incidence des événements coronariens, mortels ou non, après cinq ans, était de 23,8 % pour
le clofibrate et de 26,2 % pour le placebo : la diminution
n'était pas significative. La mortalité totale était de 22,5 %
pour le clofibrate et de 25,4 % pour le placebo. Chez les
patients traités par la niacine et le placebo, la mortalité coronarienne était identique. Le clofibrate n'avait donc eu aucune
efficacité sur la mortalité totale ou la mortalité reliée à une
cause spécifique, bien que la mortalité coronarienne ait légèrement baissé. En revanche, on observait une augmentation
significative des thromboses veineuses, des angines de poitrine et des calculs biliaires dans le groupe traité. La niacine,
de son côté, semblait protéger contre l'infarctus non mortel
mais n'avoir aucun effet sur sur la mortalité par infarctus. De
plus, son utilisation s'accompagnait d'une augmentation de
problèmes gastro-intestinaux. Après six ans de traitement, on
en a arrêté l'administration. Pourtant, neuf ans plus tard,
l'analyse a montré que c'était seulement dans le groupe traité
à la niacine que la mortalité totale avait significativement
baissé de 11 %.

L'étude de l'OMS sur le clofibrate (Committee of Principal Investigator, 1984) regroupait plus de 15 000 sujets sains,

âgés de trente à cinquante-neuf ans et suivis pendant cinq ans. Le clofibrate a réduit le cholestérol sérique de 9 % et de façon significative l'incidence d'accidents coronariens. Cependant, le nombre d'accidents coronariens mortels était identique dans les groupes témoin et expérimental. De plus, dans le groupe traité, on constatait là encore une augmentation de la mortalité totale due à différentes causes, par exemple à l'augmentation marquée de calculs biliaires.

Le *gemfibrozil* (Lipur) est également un fibrate dont les effets sont légèrement différents du clofibrate, notamment en ce qu'il augmente le niveau du bon cholestérol (HDL) et réduit celui du cholestérol total et des triglycérides. L'étude finlandaise randomisée sur 4 081 hommes âgés de quarante à cinquante-cinq ans et ayant un cholestérol élevé a duré cinq ans (Frich et coll, 1987). Le traitement a augmenté le bon cholestérol d'environ 10 %, diminué le mauvais de 10 % et les triglycérides de presque 40 %. En fin d'étude, on observait une réduction de 34 % de l'incidence des accidents coronariens. La mortalité totale restait cependant identique dans les deux groupes.

Le *fénofibrate* (Lipanthyl) et le *bézafibrate* (Béfézal) sont aussi utilisés en France. Cependant, ces molécules, à notre connaissance, n'ont fait l'objet d'aucune étude randomisée permettant de juger de leur effet protecteur contre la mortalité coronarienne et la mortalité totale. Ces médicaments sont pourtant administrés tous les jours à des millions de patients. À en juger par les résultats obtenus avec les autres fibrates, leur action ne devrait pas être remarquable. On attend au moins qu'elle soit démontrée.

Le triparanol bloquait la synthèse du cholestérol au niveau du desmostérol qui s'accumulait dans l'organisme. En revanche, les *statines* inhibent la synthèse du cholestérol à une étape antérieure : ils ne peuvent, en principe, avoir les mêmes effets néfastes. Plusieurs de ces substances de formule chimique voisine ont été commercialisées et font l'objet d'études sur des patients.

La *simvastatine* (Zocor) étudiée par une équipe scandinave a produit des effets sur les récidives d'infarctus et la mortalité totale dont le détail vient d'être publié (Scandinavian Simvastatin Survival Study Group, 1994). Cette étude randomisée sur 4 444 patients ayant eu un infarctus du myocarde ou une angine de poitrine depuis moins de cinq ans a impliqué de nombreux centres dans cinq pays (Danemark, Finlande, Islande, Norvège, Suède). La sélection a été extrêmement sévère puisque les patients ayant eu un infarctus moins de six mois auparavant n'ont pas été retenus. D'autres facteurs pouvant favoriser le risque de récidive, tel l'angor instable, ou prédisposer au suicide ou à l'accident, telle la fragilité psychologique, constituaient des critères d'exclusion.

Le suivi qui a duré plus de cinq ans a fourni des résultats tous très significatifs du point de vue statistique (p = 0.0003 à < 0.00001). Pour la première fois, une étude montrait qu'un médicament hypocholestérolémiant, comme la simvastatine (Zocor, Lodalès), administré à des patients coronariens après une sélection stricte, réduisait de 25 % le cholestérol sérique, de 30 % la mortalité totale et de 34 % les rechutes coronariennes.

Mais cet effet ne se manifestait qu'après deux ans de traitement comme pour les autres médicaments hypocholestérolémiants. De plus, il n'est pas certain que des patients fragiles psychologiquement supportent mieux la simvastatine que la colestyramine ou les fibrates qui provoquent une augmentation des suicides et des accidents. En d'autres termes, cette très belle étude menée sur plus de quatre mille patients ne démontre clairement l'effet bienfaisant d'une baisse du cholestérol que dans les conditions strictes de l'étude.

À l'avenir, les médecins qui prescriront de la simvastatine devront utiliser les mêmes critères de sélection. Dans le cas contraire, ils courraient le risque de voir augmenter le nombre de décès provoqués par une autre cause. L'étude actuelle, si elle ne démontre pas que l'absence de sélection rigoureuse des patients annule l'effet protecteur de la simvastatine sur la mortalité totale, ne l'exclut pas non plus. Or un très grand nombre de patients coronariens ne satisfont pas aux critères de sélection définis.

En outre, d'après les calculs faits dans le cadre d'études d'observation et de prévention, les accidents coronariens devraient diminuer de 1,5 à 2 % pour chaque mg de cholestérol enlevé (Tyroler, 1987). Dans l'étude de la simvastatine, la diminution du cholestérol sérique était de 25 %, soit de 65 mg puisque le niveau du cholestérol initial était de 261 mg/dl. La réduction des accidents coronariens aurait donc dû être de 98 % et non de 34 %. Est-ce le résultat d'effets secondaires néfastes ou la limite atteinte lorsqu'on n'agit que sur le cholestérol ?

Les régimes alimentaires

La plupart des hypercholestérolémies étant d'origine nutritionnelle, on peut estimer que le moyen le plus simple et le plus sûr d'abaisser le cholestérol sérique est d'adopter un régime bien conduit. On a donc d'abord essayé de réduire l'apport du cholestérol alimentaire. Un nombre considérable d'études ont abouti aux conclusions reproduites ci-contre.

Ce n'est qu'au-dessous d'un apport de 300 mg de cholestérol par jour, contenu présent dans un seul œuf, qu'on observe un effet sur la cholestérolémie. Or les populations sensibles à la maladie des coronaires ont, même dans un régime strict, un apport quotidien supérieur : cette approche n'est guère réalisable à moins d'adopter un régime semi-végétarien.

L'autre approche consiste à changer le type d'acides gras consommés. On sait que les acides gras saturés, présents

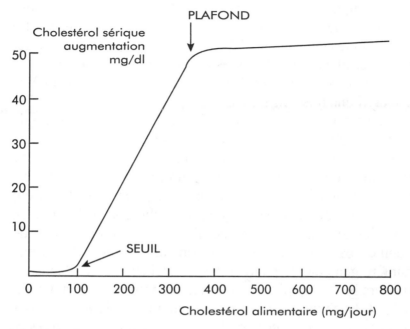

Adapté de Connor (1990).

notamment dans les produits laitiers non écrémés, le sain-doux, le suif et, en général, le gras des animaux de bouche-rie, sont hypercholestérolémiants. Mais on sait également que l'acide linoléique, abondamment contenu dans les huiles végétales de tournesol et de maïs ainsi que dans certaines mar-garines, a un effet hypocholestérolémiant marqué. Le rem-placement des graisses saturées par des huiles polyinsaturées aboutit généralement à une baisse notable de la cholestérolé-mie pouvant aller jusqu'à 15 % et plus dans les études à long terme. De tels régimes testés dans différentes études de pré-vention réduisent-ils les accidents coronariens et la mortalité coronarienne ?

Visant à déterminer les moyens de prévenir efficacement les risques coronariens, de telles études peuvent être menées sur des sujets sains, avant tout accident coronarien : ce sont les études de prévention primaire. Elles peuvent aussi être faites auprès de patients ayant déjà souffert d'un premier infarctus. Elles sont alors dites de prévention secondaire. *Les études de prévention secondaire* furent les premières testées. Leur mise en œuvre était plus aisée. Victimes d'un premier infarctus, les patients acceptent en effet facilement de changer leurs habitudes alimentaires et coopèrent volontiers avec l'équipe (cardiologue, diététicienne) puisqu'il s'agit de prévenir une récidive, c'est-à-dire un nouvel événement cardio-vasculaire. Car on sait que, dans les premières années qui suivent un infarctus, les risques de rechute sont importants. Dans les années soixante-dix, il y avait environ 10 % de rechutes par an. De nos jours, on en compte 6 %. D'une manière générale, le pourcentage d'accidents coronariens est toujours beaucoup plus élevé après un premier infarctus qu'il ne l'est dans une population saine, même si elle présente des facteurs de risque pour la maladie (tabagisme, hypercholestérolémie, diabète, etc.).

Dans de telles conditions, on peut obtenir des résultats statistiquement significatifs sans faire appel à des milliers de sujets. Il est vrai que, dans ce cas, le cœur est sérieusement endommagé et les artères obstruées par des plaques fibreuses d'athérosclérose. Mais ces lésions sont-elles si sévères qu'elles rendent vaine toute action sur les facteurs responsables et illusoire l'espoir de modifier le cours de la maladie ? Nous verrons qu'en fait il n'en est rien.

Toute nouvelle étude pour prévenir la maladie coronarienne doit donc commencer par une étude de prévention secondaire, les résultats s'appliquant presque nécessairement aux patients en bonne santé.

L'étude de Leren (1966, 1970), ou première étude d'Oslo, fut le premier travail véritablement sérieux mené en ce domaine. Elle regroupait quatre cent douze patients pris après un premier infarctus et répartis au hasard en deux groupes égaux. On demandait au seul groupe expérimental de modifier ses habitudes alimentaires. Voici les recommandations qui étaient données.

Il convenait de réduire au maximum la consommation de viande, d'enlever la graisse visible et de remplacer le bœuf, le mouton et le porc par de la volaille et de la baleine. Si les poissons et les crustacés pouvaient être consommés sans restriction, le lait entier, la crème, le beurre et les fromages gras devaient être éliminés et la consommation d'œufs réduite à un par semaine. Le saindoux et l'huile d'olive étaient déconseillés. L'huile de soja remplaçait tous les corps gras ; sa consommation par personne devait s'élever à un demi-litre par semaine, soit 70 g par jour. Le pain, les céréales, le riz et le lait écrémé pouvaient être utilisés régulièrement, les aliments d'origine végétale – salade, haricots, pois, choux, carottes, fruits et noix – consommés à volonté. Ces recommandations furent suivies par environ 60 % des patients.

Le groupe témoin tenu dans l'ignorance continuait dans l'ensemble son régime habituel. Le repas principal consommé entre 16 et 18 heures comprenait en général de la viande ou du poisson servi avec des pommes de terre bouillies. Il était accompagné d'une soupe ou d'une pâtisserie. On utilisait les légumes et les fruits de saison. Pour les autres repas de la journée, on prenait des sandwichs faits avec du pain beurré, du fromage, du jambon ou de la viande. On utilisait en général beaucoup de lait entier, de beurre et de crème. La consommation d'œufs était de dix par semaine. La margarine pouvait remplacer le beurre. À cette époque, elle était fabriquée à partir d'huiles de poisson et d'huiles végétales que l'on transformait par le processus d'hydrogénation industrielle en graisses solides, riches en acides gras saturés et en acides gras trans : il restait à la fin bien peu d'acides gras polyinsaturés.

Après cinq ans de suivi, le cholestérol sérique moyen avait été réduit de 14 % dans le groupe expérimental comparé au groupe témoin. On y comptait quarante-trois récidives pour trente-quatre patients dans le groupe expérimental contre soixante-quatre pour cinquante-quatre patients dans le groupe témoin, soit une réduction de 37 % du nombre de patients affectés (p = 0.022). Il y avait eu trente-sept décès cardiaques dans le premier groupe et cinquante dans le second, réduction de 26 % mais sans grande signification en raison du nombre limité de patients étudiés. Le nombre de morts soudaines dans les deux groupes était sensiblement le même. Autrement dit, le régime prescrit n'avait pas protégé de l'arrêt cardiaque.

En dépit de ces résultats peu significatifs, l'étude de P. Leren eut un immense succès. Était démontré pour la première fois que, même après un premier infarctus, le régime alimentaire pouvait réduire les risques de récidive, mortelle ou non. Malheureusement, on n'avait ni évalué précisément ni vérifié par l'analyse des acides gras du plasma la nourriture réellement consommée par les patients.

D'autres études suivirent, encouragées par les résultats de Leren. Une étude similaire fut mise sur pied par le Conseil des recherches médicales de Grande-Bretagne sur environ quatre cents patients. La baisse de la mortalité et des accidents coronariens n'a été que de 15 %, chiffre non significatif du point de vue statistique : l'essai contrôlé de l'huile de soja (1968) n'avait pas reproduit les résultats de Leren malgré une baisse du cholestérol sérique entre les deux groupes de 16 %.

Pour expliquer ce relatif échec, il faudrait connaître précisément les nutriments consommés par les groupes expérimentaux des études norvégienne et britannique. Or on sait seulement que, dans les deux études, la consommation de graisses saturées avait diminué considérablement et celle de polyinsaturées augmenté dans des proportions encore plus importantes : le rapport des deux types de graisses polyinsaturées/saturées était ainsi pour l'étude britannique de 0,2 dans le groupe témoin et de 1,6 dans le groupe expérimental, chiffre voisin de celui donné par l'étude de Leren.

L'*étude de Sidney* (Australie) reprenait les conditions générales des études précédentes. Dans le groupe expérimental, on augmentait considérablement l'apport en acides gras polyinsaturés afin d'obtenir un rapport P/S de 1,7. Les acides gras polyinsaturés utilisés étaient principalement l'acide linoléique, mais cela n'a pas été précisé dans le rapport de l'étude (Woodhill J.H., 1978). La publicité faite autour des huiles polyinsaturées dans la prévention de l'infarctus et peut-être la contamination du groupe témoin par le groupe expérimental ont amené les témoins à modifier sans l'avis de leur médecin les habitudes alimentaires qui les avaient menés à la crise cardiaque. Ils ont adopté un régime modéré, avec un rapport P/S de 0,8 contre 0,2 pour un véritable groupe témoin et 1,7 pour les patients suivant le régime recommandé par le médecin. Dans le rapport de l'étude, seule est mentionnée la mortalité totale qui est bien plus basse dans le groupe témoin (12 %) que dans le groupe expérimental (18 %).

Si on compare la mortalité du groupe témoin de cette étude à celles des deux études précédentes, on se rend compte qu'elle est la plus basse de tous les groupes témoins ou expérimentaux. Ainsi le groupe témoin de Sidney a-t-il su de lui-même se préserver mieux que l'ensemble des patients, quels que soient les conseils donnés.

L'*étude de Burr*, plus récente, menée sur deux mille patients après un infarctus visait à comparer l'effet d'un régime modérément élevé en acide linoléique (P/S = 1) à celui d'un régime enrichi en fibres ou en poissons (M. Burr, 1989). Plusieurs études ont en effet montré qu'une consommation élevée de poisson semblait protéger de la maladie des coronaires (Kromhout D., 1985).

De fait, après un suivi de deux ans, seule l'augmentation de la consommation de poisson ou d'huile de poisson – étaient consommés au minimum deux repas de poisson par semaine – pouvait être associée à une réduction de la mortalité coronarienne et de la mortalité totale de 29 %. Mais le nombre d'infarctus non mortels n'était pas réduit dans ce groupe. L'augmentation d'acide linoléique ou de fibres n'avait pas eu le moindre effet sur les accidents coronariens mortels ou non. Dans le groupe consommant davantage d'acide linoléique, on observait une diminution de 3,5 % du cholestérol sérique au cours des deux ans mais aucun changement chez les patients ayant consommé davantage de poisson.

En conclusion, pour les régimes visant à prévenir un nouvel infarctus par l'augmentation d'acides gras polyinsaturés, seuls ceux contenant de l'acide linolénique (Leren) ou les acides gras dérivés de l'acide linolénique (M. Burr, P. Leren) qui sont contenus dans le poisson ou l'huile de poisson étaient associés à un effet protecteur. Leren avait prescrit d'utiliser l'huile de soja qui contient de l'acide linolénique et de consommer davantage de poisson. Burr avait donné de l'acide linoléique à un groupe, du poisson à un autre : seul le groupe consommant du poisson avait présenté une baisse de la mortalité (29 %) proche de celle observée par Leren (26 %). Dans les deux études, l'effet protecteur du poisson et de l'acide linolénique commençait rapidement, moins d'un an après le changement d'habitudes alimentaires. Ces études montraient l'effet rapidement protecteur d'un certain type d'habitudes alimentaires.

Les études de prévention primaire demandent, pour être significatives, plusieurs milliers de sujets, car sur une période forcément limitée le nombre d'accidents coronariens dans une population saine, surtout en France, est faible. Le coût étant fonction du nombre de sujets, le budget à obtenir est considérable. Enfin, une prévention efficace sur des sujets sains ne signifie pas que des patients coronariens en retireront le moindre bénéfice.

On a expliqué l'insuccès relatif des régimes hypocholestérolémiants, c'est-à-dire riches en acide linoléique, pour prévenir les récidives après un premier infarctus, par l'impossibilité qu'ils avaient d'agir efficacement : après un infarctus, il est trop tard pour modifier par le régime le cours de la maladie tant le muscle cardiaque est sévèrement endommagé et la lumière des artères obstruée par les lésions d'athérosclérose. Seules des réparations mécaniques – pontage ou remplacement partiel des artères coronaires, angioplastie ou dilatation mécanique de l'artère rétrécie – peuvent avoir un effet. On doit agir avant l'irréparable et modifier les habitudes alimentaires des sujets sains.

L'étude MRFIT, que j'ai déjà mentionnée, avait obtenu une réduction de 2 % du cholestérol entre les deux groupes, réduction qui devait être et qui fut sans effet. Aucune des études réalisées avant ou après n'a réellement réussi à démontrer clairement l'effet protecteur sur l'accident coronarien d'un régime hypocholestérolémiant enrichi en acide linoléique.

L'étude des hôpitaux psychiatriques du Minnesota regroupait neuf mille pensionnaires hommes et femmes (Frantz I.D., 1989) que l'on a suivis pendant quatre ans et demi. Les sujets témoins suivaient le régime habituel où les graisses représentaient au total 39 % des calories et les graisses saturées 18 % (rapport P/S de 0,3). Pour les sujets expérimentaux, les graisses représentaient 38 % des calories mais les graisses saturées seulement 9,2 % (rapport P/S de 1,6) ; l'apport en cholestérol était seulement de 150 mg par jour. Le principal acide gras polyinsaturé était probablement l'acide linoléique.

On enregistra une baisse du cholestérol d'environ 14 % dans le groupe expérimental comparé au groupe témoin. Le nombre d'événements coronariens à la fin de l'étude était de cent vingt et un dans le premier, de cent trente et un dans le second. La mortalité toutes causes confondues était de deux cent quarante-huit chez les témoins et de deux cent soixante-neuf chez les expérimentaux. Même en prévention primaire, un régime très riche en acide gras polyinsaturé, probablement en acide linoléique, ne semble donc pas associé à une réduction de la mortalité totale ou de l'accident coronarien même s'il fait considérablement baisser le cholestérol.

Les études d'observations ont montré que certains groupes de populations tels les Japonais, les Crétois ou les Méditerranéens en général, ont une mortalité coronarienne beaucoup plus faible que les pays anglo-saxons ou d'Europe du Nord.

Or, dans ces pays protégés, une consommation d'acides gras polyinsaturés supérieure à 5 % des calories n'a jamais été observée. Augmenter cette consommation à plus de 10 % des calories, voire à 15 % pour faire baisser rapidement le cholestérol, c'est risquer de mettre en danger la santé. Les populations méditerranéennes ou asiatiques nous ont enseigné l'importance d'une faible consommation de graisses saturées et d'un apport en polyinsaturés d'au plus 5 % des calories ainsi que le respect de l'équilibre entre les deux familles d'acides gras essentiels, le linoléique et le linolénique.

L'étude de Hjermann, ou seconde étude d'Oslo, fut la première étude en prévention primaire qui adopta des critères raisonnables en matière d'habitudes alimentaires (1981). Elle fut menée sur des sujets sains mais présentant des risques d'accident coronarien par suite d'hypercholestérolémie et de tabagisme. Il s'agissait là encore d'une étude randomisée. Le groupe témoin n'a reçu aucune information. Il a simplement subi un examen médical une fois par an. En revanche, à chaque sujet du groupe expérimental Hjermann expliquait durant dix à quinze minutes le but de l'étude ainsi que les risques du tabac et d'une nourriture riche en graisses saturées. Puis la diététicienne questionnait chacun d'eux sur ses habitudes alimentaires. Elle établissait ensuite un programme personnalisé d'habitudes alimentaires dont elle faisait part au patient au cours d'un entretien de trente minutes. Les recommandations étaient généralement les suivantes : réduire la consommation de graisses saturées et augmenter très légèrement les graisses polyinsaturées ; pour les sandwichs consommés au cours de la journée, utiliser du pain riche en fibres (pain complet) sans corps gras ou avec une très légère couche de margarine molle. Le poisson ou les légumes sont préférables mais on peut choisir du fromage ou de la viande pauvre en gras ; utiliser du lait écrémé et pas plus d'un œuf par semaine ; pour les repas principaux, manger du poisson, de la baleine ou de la viande maigre avec des pommes de terre et des légumes ; pour la cuisine et la préparation des sauces, n'utiliser que des huiles végétales ; pour dessert, préférer les fruits aux pâtisseries.

On donnait de plus une information antitabac à chaque fumeur du groupe expérimental.

Après quatre ans, les vingt-trois sujets qui avaient suivi scrupuleusement les habitudes alimentaires prescrites consommaient 28 % de leurs calories sous forme de lipides et 8 % sous forme de graisses saturées. La quantité d'acides gras polyinsaturés étant également de 8 %, le rapport P/S était de 1. Une réévaluation ultérieure des résultats a indiqué que, dans l'ensemble, le rapport P/S du groupe expérimental était, en fait, de l'ordre de 0,7 (Hjermann, 1987). En revanche, le groupe témoin consommait 44 % de ses calories sous forme de lipides, 18 % sous forme de graisses saturées et 7 % sous forme de graisses polyinsaturées.

Après cinq ans de suivi, les crises cardiaques, suivies ou non de décès, et les morts soudaines étaient significativement réduites de 47 % dans le groupe expérimental (p=0,03). La diminution du cholestérol sérique dans le groupe expérimental comparé au groupe témoin n'était pourtant que de 10 % (Hjermann, 1986).

Quelles conclusions tirer de ces études préventives ? Dans les deux études d'Oslo, le régime était voisin mais la quantité d'huile polyinsaturée beaucoup plus faible dans la seconde où l'on enregistrait une baisse moins importante du cholestérol (10 % contre 14 %). Mais la différence majeure tient à la sélection des sujets. Dans la première étude (Leren), les sujets avaient eu un premier infarctus, dans la seconde (Hjermann), ils n'en avaient pas eu mais y étaient prédisposés par l'hypercholestérolémie et le tabagisme. Ce n'est pourtant pas le fait d'avoir eu un infarctus qui empêche la protection par le régime contre la mort soudaine. C'est le régime lui-même. On peut alors émettre l'hypothèse qu'une trop forte consommation (1/2 l par semaine) d'huile végétale polyinsaturée (soja) explique l'absence de protection contre la mort soudaine dans l'étude de Leren. Quant à l'étude de Burr où la mortalité cardiaque était réduite de plus de 30 %, sans réduction des infarctus non mortels, la baisse insuffisante de la consommation de graisses saturées ou l'absence d'acide linolénique dans le régime prescrit peuvent l'expliquer.

Ces études d'intervention montrent qu'il existe des habitudes alimentaires simples qui peuvent réduire la prédisposition à la crise cardiaque mais qu'augmenter simplement la part d'acide linoléique dans la nourriture ne suffit pas. La baisse du cholestérol sanguin contribue probablement à l'effet protecteur du régime mais le premier effet du régime sur la mortalité intervient après quelques semaines ou quelques mois et paraît indépendant du cholestérol. C'est démontré par l'étude de Burr qui a fait baisser la mortalité cardiaque de plus de 30 % sans observer d'effet sur le cholestérol. L'étude de Hjermann présente des conclusions similaires puisque tous les événements coronariens, y compris la mort soudaine, ont été réduits de 47 % dès la première année alors que le cholestérol avait seulement baissé de 10 %. Dans l'étude des hôpitaux psychiatriques du Minnesota, la réduction de 14 % du cholestérol n'a été accompagnée d'aucun effet sur la morbidité ou la mortalité coronarienne : il comprenait probablement trop d'acide linoléique sans inclure sa contrepartie nécessaire, l'acide linolénique ou le poisson.

Médicaments ou régimes ?

Lorsque le risque d'accident coronarien est très élevé, comme c'est le cas dans les hypercholestérolémies familiales, le recours aux médicaments hypolipémiants est indiqué et même nécessaire. Mais lorsque le cholestérol est inférieur à 300 mg/dl (3 g/l), est-il seulement souhaitable ? Dans l'étude scandinave sur la simvastatine, le cholestérol moyen était de 2,6 g/l : n'aurait-on pu réussir aussi bien avec un régime approprié ? La réduction obtenue sur la mortalité totale a été de 30 %. Or M. Burr, qui a travaillé avec 2 033 patients coronariens, a obtenu une réduction de 29 % en prescrivant simplement de manger au moins deux repas de poisson par semaine. Un médicament comme la simvastatine dont la fabrication a coûté des millions de dollars et dont l'administration en coûtera autant à la Sécurité sociale fournit donc une protection semblable à celle offerte par la consommation de poisson deux fois par semaine.

Dans une lettre à l'éditeur du *Lancet* qui a publié l'essai avec la simvastatine, G. D. Smith et J. Pekkanen (1994) faisaient remarquer que, pour sauver une personne par an, il fallait que cent soixante-sept soient traitées par le médicament, pour un coût total de deux cent mille dollars. Sauver une vie n'a pas de prix. Mais à une époque où l'on doit faire des choix, il me semble que si la consommation de poisson, deux fois par semaine, offre la même protection qu'un comprimé par jour de Zocor pour un coût hebdomadaire de cinquante francs, il vaut mieux opter pour le poisson. Cela me paraît d'autant plus évident que la protection par le poisson apparaît dans les deux ou trois premiers mois du régime alors que celle par la simvastatine ne commence qu'après deux ans de traitement !

7

Les vertus du poisson

Les études de population

L'intérêt de la consommation du poisson dans la prévention des maladies cardio-vasculaires a été relevé par H. O. Bang et J. Dyerberg lors des études qu'ils ont menées, dans les années soixante-dix sur les Esquimaux du Groenland. Cette population qui consommait une importante quantité de graisse provenant de poissons et de mammifères marins ne semblait pas développer de maladie coronarienne. Déjà dans les années 1963-1967, on n'avait constaté que deux cas de maladie coronarienne sur une population de mille trois cents Esquimaux du Groenland. À la même époque, des observations similaires avaient été faites sur des populations proches. Arthrand (1970) avait estimé qu'entre 1959 et 1968, dans la région côtière de l'Alaska, seuls 16 % des décès enregistrés chez les Esquimaux âgés de quarante et un à soixante-dix ans s'expliquaient par des problèmes cardio-vasculaires.

Entre 1950 et 1974, une autre étude épidémiologique réalisée par Kromann et Green dans la partie nord-ouest du Groenland a suivi environ mille huit cents habitants qu'elle a comparés à un groupe danois. Durant cette période, seulement trois cas d'infarctus du myocarde ont été observés alors que quarante cas auraient dû survenir selon le pourcentage danois d'accidents coronariens. En revanche, les chercheurs notaient un plus grand nombre de décès dus à une hémorragie cérébrale.

En 1970 et 1976, deux nouvelles enquêtes alimentaires ont été menées chez les Esquimaux du Groenland par Bang et ses collaborateurs (1980). Contrairement à ce que l'on croyait d'abord, la population consommait surtout de la viande de baleine et de phoque (400 g par jour). L'ingestion de lipides (39 % des calories) était importante mais le pourcentage d'acides gras saturés (9 % des calories) et d'acides gras polyinsaturés (7 %) faible. Chez les Danois, où la consommation de lipides s'élevait à 42 % avec 22 % fournis par les acides gras saturés, le rapport P/S était de 0,24 contre 0,8 chez les Esquimaux. Danois et Esquimaux différaient encore par le type d'acides gras polyinsaturés consommés. Chez les premiers, la part de l'acide linoléique s'élevait à 77 %. Elle n'était que de 26 % chez les seconds, le reste étant principalement fourni par les acides eicosapentaenoïque (EPA) et docohexaenoïque (DHA) dérivés de l'acide linolénique.

Ces résultats ont amené Bang et Dyerberg à expliquer la protection des Esquimaux contre la maladie des coronaires par la forte consommation d'acides gras appartenant à la famille de l'acide linolénique. Pourtant ces acides gras, lorsqu'ils proviennent de mammifères marins, sont le plus souvent situés en position 1 et 3 sur la molécule de triglycérides et non en position 2 comme chez le poisson (Ackman, 1988). Or seuls les acides gras en position 2 sont utilisés pour s'accumuler dans les membranes et former des substances actives comme les prostaglandines. Ceci explique que la composition en acides gras des globules rouges des Inuits qui dans le Nord-Ouest canadien se nourrissent principalement de mammifères marins soit très différente de celle de personnes se nourrissant surtout de poisson. Si la protection des Esquimaux contre la maladie coronarienne est incontestable, elle ne peut être reliée exclusivement à la consommation de poisson.

Plusieurs études se sont inspirées de l'hypothèse de Bang et de Dyerberg. On sait depuis l'Étude des sept pays que le Japon présente une très faible mortalité coronarienne et consomme en abondance poissons et produits de la mer. De plus, Kagawa et ses collaborateurs (1982) ont montré que les Japonais de la côte, qui consomment davantage de poisson que les Japonais de l'intérieur, ont une mortalité coronarienne plus faible.

On explique souvent la longévité et la protection des Japonais contre la maladie coronarienne par la forte consommation de poisson. Il est probable que le poisson joue un rôle. Mais, comme les Esquimaux, les Japonais consomment également peu de graisses saturées (3 % des calories dans les années soixante, 8 % aujourd'hui) et beaucoup d'huile de colza et de soja, riches en acide linolénique. Le rapport P/S de leur alimentation est de 0,8 : il est semblable à celui des Esquimaux.

L'Étude des sept pays a révélé d'importantes différences entre les quinze ou seize groupes. À Velika Krsna et à Zrenjanin (Yougoslavie), aux États-Unis et en Finlande de l'Ouest, les participants consommaient moins de 10 g de poisson par jour ; de 10 à 35 g à Zutphen (Hollande), en Crète (Grèce), à Belgrade et en Slovénie (Yougoslavie), à Rome, Crevalcore et Montegiorgio (Italie) ; approximativement 60 g à Corfou (Grèce) et en Finlande de l'Est ; 95 g en Dalmatie (Yougoslavie) et à Tanushimaru (Japon) ; 200 g dans le village de pêcheurs de Ushibuka au Japon.

Après quinze ans de suivi, on n'observait pas de relation inverse significative entre la mortalité coronarienne et la consommation de poisson alors que la relation avec les graisses saturées était étroite (*cf.* figure page 26). D'ailleurs, la Finlande de l'Est, en dépit de sa consommation élevée de poisson (60 g), présentait la plus forte mortalité coronarienne liée à l'utilisation la plus élevée de graisses saturées.

La consommation de poisson n'explique donc pas la différence de mortalité coronarienne entre les groupes. Cela ne veut pas dire que le poisson ne protège pas. Mais l'effet protecteur du poisson apparaît surtout lorsque la consommation de graisses saturées est faible, comme chez les Esquimaux et les Japonais. En outre, que l'on consomme 95 g de poisson comme à Tanushimaru ou 200 g comme à Ushibuka, la mortalité coronarienne est semblable. Les graisses saturées demeurent donc toujours le facteur qui, dans l'alimentation, décide de la prédisposition à la maladie coronarienne.

Chaque année, l'Organisation mondiale de la santé publie les chiffres de la mortalité dans les pays les plus industrialisés. L'Organisation des Nations unies pour l'Alimentation et l'Agriculture (FAO en anglais) fait également paraître des bilans alimentaires et l'Organisation de coopération et de développement économique (OCDE) qui groupe les vingt-trois pays les plus industrialisés du monde, des statistiques de la consommation des denrées alimentaires. On peut admettre que ces données constituent aujourd'hui une source fiable de renseignements. Certes, ce n'est pas la consommation réelle de chaque aliment qui est fournie puisqu'on ne tient pas compte des déchets. C'est, de plus, une consommation moyenne par pays. Mais la comparaison entre pays fournit des indications qui sont étonnamment semblables à celles fournies par des études plus précises comme l'Étude des sept pays. Ces évaluations globales n'ont pas la précision des études épidémiologiques, mais le nombre d'habitants concernés compense la précision. Il en va de même avec les statistiques de l'OMS pour la mortalité : les études épidémiologiques sont plus précises mais plus limitées par le nombre d'individus retenus.

Grâce à ces informations, il est possible de suivre année après année la relation qui, dans les pays industrialisés, unit la consommation de différents aliments à la mortalité coronarienne.

Ainsi, en 1987, Crombie et ses collaborateurs ont-ils étudié ce lien dans vingt et un pays industrialisés. Ils notaient une certaine relation, ce qui indiquait un léger effet protecteur déjà observé lors de l'Étude des sept pays. Mais si dans le calcul on incluait d'autres facteurs comme la consommation de produits laitiers, la protection due au poisson disparaissait. D'ailleurs, si l'on regarde de nouveau ce rapport à partir des statistiques plus récentes datant de 1988, on ne remarque pas de relation inverse significative du point de vue statistique.

Mortalité coronarienne et consommation de poisson en 1988 dans les vingt-deux pays les plus industrialisés du monde (OCDE).

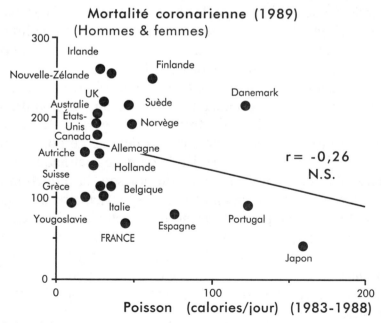

La baisse de la mortalité ne se poursuit pas avec l'augmentation de la consommation de poisson. D'ailleurs, le Danemark, dont la mortalité coronarienne est l'une des plus élevées au monde, consomme presque autant de poisson que le Japon.

Les études citées jusqu'à présent n'ont pas démontré l'effet éventuellement protecteur d'une consommation élevée de poisson. Pour cerner plus précisément le problème, examinons si, à l'intérieur de chaque groupe, la consommation de poisson est reliée à une éventuelle protection contre la maladie coronarienne.

La première étude dans ce domaine a été conduite par D. Kromhout (1985) sur le groupe de Zutphen, en Hollande. Après vingt ans de suivi, sur les huit cent cinquante-deux sujets ayant participé à l'Étude des sept pays, soixante-dix-huit étaient décédés de maladie coronarienne. Une consommation de 1 à 29 g de poisson par jour permettait de réduire le risque de décès coronarien de 40 à 43 %. Le pourcentage s'élevait à 54 % pour une consommation de 30 à 44 g et à 58 % pour une consommation de plus de 45 g. On ne pouvait expliquer cet effet protecteur du poisson par un autre facteur de risque comme l'âge, le cholestérol sérique, la pression artérielle, le tabagisme ou une seconde modification alimentaire. Notons que les sujets ainsi protégés ne présentaient pas un taux de cholestérol plus bas que les autres.

Dans une étude du même type menée à Chicago sur deux mille hommes suivis pendant vingt-cinq ans, le nombre de décès coronariens était de trois cent vingt-cinq (Shekelle, 1985). Ceux qui consommaient plus de 35 g de poisson par jour réduisaient de 37 % le risque de décès cardiaque. Pour l'ensemble des consommateurs de poisson, la réduction du risque était de 18 %, résultat moins spectaculaire que celui de l'étude de Zutphen. Comme dans cette dernière, aucun facteur autre que la consommation de poisson ne semblait pouvoir expliquer cette diminution du risque d'accident coronarien. Là encore, le cholestérol sanguin chez les sujets qui avaient une nourriture plus riche en poisson n'était pas modifié.

Trois autres études prospectives supplémentaires ont pourtant relevé l'absence d'effet protecteur (Curb, 1985 ;

Vollset, 1985 ; Simonsen, 1987). Mais chez les derniers groupes de populations étudiés, la consommation de poisson était beaucoup plus élevée que chez les précédents. Or, comme l'a souligné D. Kromhout (1989), l'effet protecteur est surtout évident quand on compare ceux qui consomment du poisson à ceux qui n'en consomment pas.

Poisson et maladie coronarienne

Il est facile de déterminer la teneur du sang en cholestérol qui est reliée de façon certaine à la maladie coronarienne. Les premières études sur l'effet du poisson ont mis en évidence que les Esquimaux et les Japonais avaient un cholestérol sérique beaucoup plus faible que les populations auxquelles on les comparait. Par rapport à celui des Danois, le cholestérol des Esquimaux était inférieur de 21 % et les triglycérides – autre test pratiqué sur les lipides sanguins – de 63 %. En outre, le bon cholestérol (HDL) était supérieur de 50 %.

À quel élément ou composé doit-on attribuer l'effet hypocholestérolémiant du poisson ? En nourrissant des rats avec des filets de poisson dont on a enlevé le gras ou avec l'huile de ces poissons, Pfeiffer et ses collaborateurs (1962) ont démontré que l'effet sur le cholestérol était principalement dû à la partie lipidique de cet aliment. On a ensuite séparé les acides gras saturés et mono-insaturés des acides gras polyinsaturés contenus dans l'huile extraite de sardines. Chacune des deux fractions était consommée par des volontaires. Inachi et ses collaborateurs (1963) ont pu alors démontrer que l'effet sur les lipides sanguins était dû à la fraction riche en acides gras polyinsaturés.

Les deux principaux acides gras polyinsaturés du poisson sont l'EPA et le DHA qui proviennent tous deux de la transformation de l'acide linolénique dans l'organisme du poisson. Cette découverte a servi de point de départ à nombre d'études qui, menées sur l'homme et sur l'animal, visaient à déterminer si les huiles de poisson avaient réellement des effets hypolipémiants et diminuaient les lésions d'athéro-sclérose.

Synthétisant les nombreux résultats obtenus sur le sujet, Harris (1989) concluait que les huiles de poisson avaient un effet faible ou nul sur le cholestérol sérique. Lorsqu'il y avait un effet, c'était en général parce que la quantité de graisses saturées chez le groupe témoin était plus élevée que chez le groupe expérimental qui recevait l'huile de poisson. Mais une autre fraction des lipides sanguins a un rôle néfaste dans la maladie coronarienne, les triglycérides. Si les huiles de poisson ont un effet discutable sur le cholestérol, les études ont montré unanimement qu'elles agissaient de façon non négligeable sur les triglycérides. Les huiles de poisson et donc la consommation de poisson font baisser le taux des tri-glycérides du sang, sans doute en inhibant leur synthèse dans le foie. On observe en même temps une augmentation de 5 à 10 % du bon cholestérol (HDL).

L'étude de la relation du cholestérol et de la consom-mation de poisson est une fausse piste. Les études sur la thrombose conduisent-elles à des résultats plus encoura-geants ?

Bang et Dyerberg avaient observé que les Esquimaux décédaient fréquemment d'hémorragie. En examinant ce que l'on appelle le temps de saignement, test qui sert à évaluer la tendance à l'hémorragie, ils constatèrent que le sang des Esquimaux mettait beaucoup plus de temps à coaguler que celui des Danois. Dans l'arrêt du saignement, le mécanisme implique d'abord les plaquettes sanguines qui représentent la plus petite cellule du sang. Elles ont pour rôle essentiel de s'accoler aux parois du vaisseau blessé et de s'agréger entre elles : se constitue alors un bouchon qui colmate en quelques secondes la faille dans la paroi du vaisseau. Ce mécanisme est essentiel à notre survie mais quand il survient sans nécessité physiologique, il provoque une thrombose. Le poisson protégerait-il en prévenant l'apparition de la thrombose et de l'accident coronarien plutôt qu'en freinant le développement de l'athérosclérose lié au cholestérol ? De fait, de nombreuses études ont confirmé qu'un régime enrichi en poisson ou contenant des huiles de poisson prolongeait le temps de saignement.

On peut approcher le phénomène autrement et évaluer directement ce que l'on appelle l'agrégation plaquettaire. Pour ce faire, on prélève une petite quantité de sang à des humains ou même à des animaux. Par centrifugation, on élimine les globules rouges et blancs qui empêcheraient d'étudier le phénomène. On obtient ainsi du plasma, liquide opalescent contenant en suspension les seules plaquettes sanguines. On sait que, dans l'organisme, certaines substances comme le collagène, qui constitue une partie de la paroi des vaisseaux, ou l'adrénaline, hormone libérée lors d'un stress ou d'un effort physique, déclenchent l'agrégation de ces plaquettes. Le test consiste donc à ajouter à ces plaquettes une faible dose de ces substances et à mesurer le nombre de plaquettes agrégées. On connaît alors le degré de réponse des plaquettes à l'agrégation. De cette réponse dépend le risque de développer une thrombose coronarienne. En couplant ce test avec l'analyse des plaquettes, nous pouvons déterminer les modifications chimiques responsables de la diminution ou de l'augmentation de la réponse.

En 1983, mon ami Arne Nordoy, professeur de médecine à l'université de Tromsö en Norvège et grand adepte du rôle protecteur du poisson, passait son congé sabbatique dans notre unité de recherche à Lyon. Insatisfait des travaux publiés à l'époque sur l'effet des huiles de poisson sur les plaquettes sanguines, il me persuada d'entreprendre, dans les meilleures conditions possibles, une étude similaire sur le rat.

Cette étude laborieuse menée pendant six mois sur six groupes d'animaux a confirmé que seule l'agrégation des plaquettes déclenchée par le collagène était reliée au niveau sanguin du principal acide gras (EPA) de l'huile de poisson (Nordoy et coll., 1985). On confirmait ainsi les études antérieures faites par Vas Dias et ses collaborateurs (1982) sur le lapin qui avaient indiqué que l'huile de poisson avait pour effet spécifique d'inhiber l'agrégation au collagène.

Nous avions également observé qu'une baisse éventuelle de l'agrégation lors d'autres tests devait être reliée à la plus faible consommation de graisses saturées que l'huile de poisson remplaçait. Par la suite, Houvelingen et ses collaborateurs (1988) ont démontré chez l'homme que la consommation de maquereau ne diminuait de façon significative que l'agrégation par le collagène. Ces résultats pouvaient expliquer la prolongation du temps de saignement chez les Esquimaux puisque le collagène de la paroi des vaisseaux endommagés est de toute évidence l'un des stimuli responsables de l'adhésion des plaquettes aux lèvres de la blessure et de leur agrégation en vue d'arrêter le saignement.

Il faudrait maintenant démontrer qu'une baisse de la réponse des plaquettes à l'agrégation par le collagène est responsable de la diminution de l'accident coronarien. Cette étude a été entreprise avec le groupe de P.C. Elwood, à Cardiff, au pays de Galles, unité d'épidémiologie bien connue du Medical Research Council. Malheureusement, l'agrégation au collagène n'a pu être observée en raison d'une fourniture de collagène défectueuse. Seule l'agrégation aux autres facteurs a été étudiée. Nous avons alors constaté les relations attendues avec l'infarctus du myocarde (Elwood P. C. et coll., 1991) et pu conclure que la thrombose coronarienne dépendait au moins partiellement de la réponse des plaquettes à l'agrégation.

L'essai d'intervention de Burr (1989), qui démontrait que la consommation de deux repas de poisson par semaine diminuait rapidement la mortalité par infarctus de plus de 30 % sans modifier le cholestérol sérique, montrait bien que le facteur protecteur du poisson ne passait pas par le cholestérol. Comme c'était surtout le nombre d'infarctus mortels qui diminuait, le poisson devait faire baisser le risque de thrombose en diminuant probablement la réponse des plaquettes à l'agrégation. Le nombre d'infarctus non mortels restait, lui, inchangé.

Un infarctus, mortel ou non, est toujours causé par une thrombose coronarienne. Celle-ci pourrait donc être rendue moins sévère par la consommation de poisson. Les arythmies qui l'accompagnent seraient moins fréquentes ou moins graves.

L'arythmie est une irrégularité du rythme cardiaque qui culmine dans la fibrillation ventriculaire, équivalent d'un arrêt cardiaque. *La fibrillation ventriculaire* est un phénomène qui survient fréquemment lors d'une crise cardiaque. C'est aussi la principale cause de *mort soudaine.*

Ces phénomènes peuvent être reproduits par obstruction d'une artère coronaire chez le chien, le porc et le rat. Les animaux reçoivent pendant plusieurs semaines un régime équilibré enrichi, pour les uns, de graisses saturées, pour les autres, d'huile de poisson ou d'huile végétale. On peut ainsi déterminer le rôle de l'alimentation dans l'apparition de la fibrillation ventriculaire dont on suit l'apparition sur l'électrocardiogramme.

Les premières études suggéraient que les huiles de poisson pouvaient diminuer les fibrillations ventriculaires mais les résultats étaient peu significatifs du point de vue statistique ou discutables par suite de la conception de l'étude (Riemersma, 1989).

Au cours des dernières années, un groupe australien (McLennan, 1993) travaillant sur le rat a réussi à démontrer que les huiles de poisson, à la différence de l'huile d'olive, de la graisse de bœuf ou de mouton, prévenaient très efficacement la fibrillation ventriculaire et la mortalité qui en résultait.

De récents résultats (Siebert et coll, 1993) sont venus indiquer que l'huile de colza est au moins aussi efficace que l'huile de poisson dans cette prévention. L'hypothèse proposée est que l'acide linolénique contenu dans l'huile de colza est transformé chez l'animal qui en consomme en acides gras, ceux précisément que contient l'huile de poisson. L'utilisation d'huile de colza fournit ainsi indirectement les acides gras que renferme le poisson.

À la suite des observations originales de Bang et de Dyerberg, des milliers d'études ont été réalisées sur l'homme et l'animal afin de préciser et d'expliquer le rôle de la consommation de poisson sur l'accident coronarien. Un seul essai de prévention, celui de Burr, a été réalisé : il a montré que le poisson ne diminuait pas le cholestérol mais réduisait de façon significative la mortalité cardiaque, sans pour autant faire baisser le nombre d'infarctus non mortels. La consommation de poisson diminue-t-elle simplement la fréquence des arrêts cardiaques ?

Chez les Esquimaux et les Japonais, la baisse du taux de cholestérol et la diminution de l'athérosclérose qui en résulte tiendraient davantage au niveau très bas de l'alimentation en graisses saturées qui représente 9 % des calories pour les Esquimaux et 8 % pour les Japonais contre 15 à 20 % pour la plupart des populations où les maladies coronariennes sont nombreuses.

Par ailleurs, une consommation très riche en poisson comme chez les Danois ne suffit pas à réduire la mortalité coronarienne. Pour prévenir l'ensemble des phénomènes qui mènent à la crise cardiaque, un équilibre entre différents aliments semble nécessaire, parmi lesquels l'alcool et, plus précisément, le vin.

Combien de poisson par semaine ?

Au-delà de deux repas par semaine, l'utilisation de poisson ne semble pas avoir d'effet protecteur supplémentaire. Les Esquimaux et les Japonais consomment certes beaucoup de poisson mais aussi très peu de produits laitiers et de graisses saturées en général. Indiscutablement, les graisses saturées constituent le principal facteur qui, dans l'alimentation, prédispose à la maladie des coronaires. Si l'apport de graisses saturées n'est pas considérablement réduit, l'effet protecteur du poisson ne peut faire baisser la mortalité coronarienne de manière importante. Obtenir une baisse de la mortalité totale de 29 % (Burr, 1989) simplement par deux repas de poisson par semaine est un résultat remarquable, d'ailleurs identique à celui des meilleurs médicaments hypolipémiants sur le marché aujourd'hui (Zocor).

Les études de populations ont clairement établi qu'un ou deux repas de poisson par semaine entretenaient une bonne santé. Mais le double de cette dose ne saurait en aucune façon préserver des excès de pâtisserie, de viandes grasses, de beurre, de lait entier et, bien sûr, de tabac !

8

De l'alcool et du vin

En 1991, lorsque CBS m'a proposé de résumer mes recherches connues outre-Atlantique pour une émission de télévision, je ne m'attendais pas à ce que mes propos aient un tel retentissement. Je n'avais pas non plus imaginé que l'entretien porterait principalement sur le rôle éventuellement protecteur de l'alcool et du vin. Mon hypothèse était alors que la remarquable protection contre la mortalité coronarienne dont bénéficiaient les Français – c'est la plus marquée en Occident – ne pouvait s'expliquer que par leur consommation de vin, laquelle est la plus élevée au monde.

Mon hypothèse se fondait sur de multiples études qui, au cours de la décennie précédente, avaient groupé près d'un million de sujets (Renaud et coll, 1993). Toutes concluaient que les boissons alcoolisées à forte dose augmentaient le risque de mortalité précoce par cancer, accidents cérébraux, violence ou cirrhose. Mais elles observaient également, dans leur quasi-totalité, une réduction de 20 à 60 % de la mortalité coronarienne lorsque l'alcool était consommé à dose modérée. L'augmentation du risque coronarien, quelle que soit la dose, n'était rapportée que pour les alcools forts consommés jusqu'à ébriété.

« L'alcool est l'un des médicaments les plus efficaces que nous ayons pour réduire la mortalité coronarienne », avais-je dit à l'antenne. Cette phrase a fait rapidement son chemin et a suscité un grand intérêt. Qu'en est-il vraiment ?

Le paradoxe français

Pour un même niveau de facteurs de risque, le nombre de crises cardiaques est plus faible de 36 à 55 % en France qu'aux États-Unis (Ducimetière et coll, 1980). Les facteurs de risque sont l'âge, la pression artérielle, le cholestérol, le tabac ou la consommation de graisses saturées. Par exemple, il est rarissime à vingt ans d'avoir un infarctus ; à quarante ans, c'est déjà plus fréquent ; à soixante-soixante-dix ans, un sujet sur trois en moyenne connaît un problème cardiaque. On dit alors que l'âge est un facteur de risque pour l'accident coronarien.

Cette première observation du paradoxe français a été confirmée par différentes sources. On obtient ainsi, avec les statistiques de mortalité coronarienne fournies par l'OMS pour 1990-1991, les chiffres de l'OCDE pour les lipides alimentaires en 1978-1979 et les résultats du projet MONICA pour le cholestérol et le pourcentage de fumeurs en 1989, les indications rapportées dans le tableau ci-dessous.

Taux de mortalité (par 100 000 hommes) corrigé pour l'âge et facteurs de risque (1991).

	Mortalité coronarienne	Lipides alimentaires (% calories)	Cholestérol mg/dl	Pourcentage de fumeurs
Japon	**49**	28	–	70
France	**91**	45	233	37
Espagne	106	42	219	47
Italie	135	42	224	47
Suisse	161	46	248	32
Belgique	133	46	238	47
États-Unis	240	46	209	40
Écosse	356	44	244	52

Ce tableau nous permet de constater que la France devance des pays méditerranéens comme l'Espagne et l'Italie et présente même la plus faible mortalité coronarienne après le Japon. Or la consommation de lipides alimentaires y est semblable à celle de pays à forte mortalité coronarienne comme l'Écosse ; le cholestérol moyen est comparable à celui de nombreux autres pays ; le pourcentage de fumeurs est proche de celui des États-Unis ; le nombre de diabétiques et d'hypertendus est au moins aussi élevé qu'ailleurs. Pourtant le même phénomène est observable, année après année, dans les statistiques de l'OMS.

Ces statistiques nous permettent de formuler le paradoxe français autrement : en dépit d'un niveau de facteurs de risques semblable à celui de la plupart des pays industrialisés, la mortalité coronarienne est en France la plus faible des pays occidentaux (Grèce incluse mais Crète exclue).

Cependant, l'important n'est pas seulement d'avoir une mortalité cardio-vasculaire faible. Il faut aussi que la mortalité totale soit peu élevée. C'est ce que nous avons examiné dans le tableau ci-dessous en nous fondant sur les statistiques les plus récentes de l'OMS.

On remarque alors que, si la France offre le chiffre le plus bas pour l'ensemble des problèmes cardio-vasculaires, elle n'a pas la plus faible mortalité toutes causes confondues : c'est le Japon, suivi de la Grèce. Néanmoins, la mortalité masculine globale est inférieure de 10 % à celle des États-Unis, de 15 % à celle de l'Allemagne et de 21 % à celle de l'Écosse. Pour les femmes, elle est très proche de celle du Japon (484 contre 457) et bien inférieure à celle de tout autre pays occidental, notamment de la Grèce (589), de l'Italie (564) et de l'Espagne (567).

Si les hommes français ont une mortalité totale qui n'est pas la plus faible des pays industrialisés, ce n'est plus à cause du nombre de cirrhoses : le flambeau a été repris par l'Italie, l'Allemagne et l'Espagne. Le niveau relativement élevé de la mortalité totale est dû au nombre de cancers, identique à celui

Taux de mortalité masculine (par 100 000) corrigé
pour l'âge en 1990-1991.
Chiffres donnés par l'OMS dans l'Annuaire de statistiques
sanitaires mondiales de 1993.

Pays	Cardio-vasculaire	Cancer	Cirrhose	Morts violentes	Toutes causes
France	265	297	25	151	930
Japon	268	228	19	98	801
Espagne	337	253	30	114	962
Italie	374	285	33	96	967
Grèce	409	219	12	98	883
États-Unis	422	253	16	134	1030
Allemagne	500	272	32	113	1100
Écosse	545	299	11	91	1179

de l'Écosse, et de morts violentes résultant le plus souvent d'accidents. La France n'est pas en première place pour les accidents de la route, les suicides ou les homicides, mais le chiffre global est important. Aussi le paradoxe français peut-il encore être formulé ainsi : mortalité cardio-vasculaire masculine la plus faible du monde industrialisé mais nombre de cancers et de morts violentes parmi les plus élevés.

Le projet MONICA est un programme de l'OMS impliquant dans vingt pays différents une quarantaine de centres où sont suivis plusieurs milliers de sujets. Il a permis de vérifier l'exactitude des statistiques portant sur la morbidité et la mortalité cardio-vasculaires dans les régions concernées. Trois centres français participaient à ce projet : Toulouse, Strasbourg et Lille. Dans le tableau ci-dessous, on peut voir qu'ils ont une mortalité coronarienne plus élevée que le Japon mais beaucoup plus faible que des centres comme Stanford (États-Unis), Belfast (Irlande du Nord) ou Glasgow (Écosse), en particulier pour les femmes.

Taux de mortalité prématurée (par 100 000) corrigé pour l'âge dans certains centres MONICA. Résultats publiés par l'OMS dans l'Annuaire de statistiques sanitaires mondiales de 1989.

Pays	Mortalité coronarienne		Mortalité cardio-vasculaire		Mortalité totale	
	Hommes	Femmes	Hommes	Femmes	Hommes	Femmes
Pékin	49	27	191	170	471	371
Japon	33	9	144	63	512	246
Toulouse	**78**	**11**	**140**	**39**	**575**	**255**
Strasbourg	**102**	**21**	216	64	887	318
Lille	**105**	**20**	224	72	1041	411
Stanford	182	48	266	93	708	371
Belfast	348	88	445	152	933	463
Glasgow	380	132	501	225	1179	681

Pour tous les problèmes cardio-vasculaires, on voit que Toulouse présente la mortalité la moins élevée, ce qui concorde avec les statistiques générales présentées dans le tableau page 114. Le plus surprenant est peut-être la différence très importante qui existe entre cette ville et les deux autres centres français, Strasbourg et Lille, où les mortalités cardio-vasculaire et totale sont beaucoup plus élevées.

Or, il y a près de vingt ans, utilisant les statistiques de l'INSERM pour les années 1973-1975, j'avais fait apparaître sur une carte de France les taux de mortalité par département afin de pouvoir choisir plus facilement, par la suite, les départements les plus contrastés.

Comme on peut le voir, le classement des trois départements mentionnés était alors le suivant : le Nord (Lille) venait en tête avec la mortalité la plus élevée, suivi du Bas-Rhin (Strasbourg) puis de la Haute-Garonne (Toulouse) dont

Mortalité totale par 100 000 excluant les morts violentes
(hommes 45-54 ans).

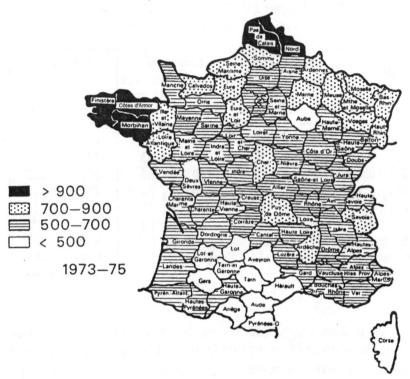

■ > 900
▨ 700−900
▤ 500−700
☐ < 500

1973−75

les dix départements limitrophes présentaient la plus faible mortalité en France. Dans notre pays, nous avons donc la chance de pouvoir comparer des régions, des départements et des villes où la mortalité diffère considérablement et parfois même davantage que d'un pays à l'autre. Quelques études comparatives ont été faites mais leur exploitation scientifique me paraît encore insuffisante. On ne peut toujours pas faire profiter les régions les plus touchées de l'enseignement que fournissent les régions privilégiées.

C'est pourquoi le projet MONICA a entrepris de comparer les habitudes alimentaires à Lille, à Strasbourg et à Toulouse. On a pu ainsi préciser leur rôle éventuel dans la protection exceptionnelle des Toulousains et, plus encore, des Toulousaines qui ont presque la meilleure espérance de vie au monde.

Comparé aux deux autres villes, on consomme à Toulouse plus de pain, de légumes, de fruits, de fromage et de graisse végétale, davantage de vin mais moins de beurre. Les habitudes alimentaires sont donc proches de celles d'un régime méditerranéen. Certes, l'huile d'olive y est peu utilisée ; on lui préfère en particulier les graisses d'oie ou de canard. Mais la graisse de canard ou le foie gras sont riches en acide oléique et, donc, plus proches de l'huile d'olive que d'une graisse animale comme le beurre ou le saindoux. Il est d'ailleurs difficile d'attribuer à ces graisses un effet néfaste sur la santé puisque les départements où leur consommation est la plus forte, le Gers et le Lot, comptent parmi ceux où la mortalité totale est la plus faible.

À Toulouse, on consomme davantage de légumes et de fruits que dans le nord ou l'est de la France. On peut se demander jusqu'à quel point ces aliments contribuent à la bonne santé des Toulousains et plus largement des Français.

Habitudes alimentaires évaluées
dans les trois centres MONICA français.
Adapté de Jost et coll., 1990.

		Strasbourg	Toulouse	Lille
	Pain	164	225	152
	Légumes	217	306	212
	Fruits	149	238	160
Régime	Beurre	22	13	20
(g/jour)	Fromage	34	51	42
	Graisses végétales	16	20	15
	Vin	286	383	267

Un article récent soulignait qu'une plus grande consommation de végétaux protégeait probablement les Français de la maladie coronarienne (Artaud-Wild et coll, 1993). Selon nous, la forte consommation de légumes et de fruits qui est à la base du régime méditerranéen est aussi la base d'un régime alimentaire sain (Renaud et Ruf, 1994). Examinons la relation entre la consommation de produits végétaux et la mortalité coronarienne dans les pays les plus industrialisés du monde.

Plus on consomme de légumes, de fruits et de graisses végétales et moins on risque de développer une maladie coronarienne. Néanmoins, cette relation n'est pas très significative du point de vue statistique puisqu'elle n'explique que 24 % des cas de mortalité coronarienne. Des pays comme

Relation entre la mortalité coronarienne (OMS, 1989)
et la consommation de légumes, de fruits et de graisses végétales
(OCDE,1979-1988).

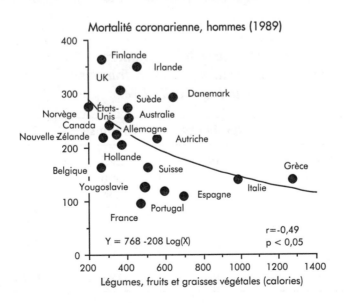

l'Italie ou la Grèce consomment deux fois plus de légumes et de fruits que la France mais présentent une mortalité coronarienne plus élevée. Légumes et fruits sont donc assurément des aliments essentiels à la santé par les substances qu'ils apportent – vitamines, antioxydants ou fibres. Consommés en abondance, ils remplacent les graisses saturées et les viandes qui, utilisées en trop grande quantité, nuisent à la santé. Mais ils ne semblent pas devoir expliquer le paradoxe français.

À Toulouse, on consomme moins de beurre et davantage de fromage. Peut-on en conclure que le fromage est meilleur pour la santé ? La consommation de fromage est très importante en France où elle s'élève à 60 g par jour et par habitant. Mais fait-elle partie intégrante du paradoxe français ?

Mortalité coronarienne chez l'homme et la femme en fonction de la consommation de fromage.

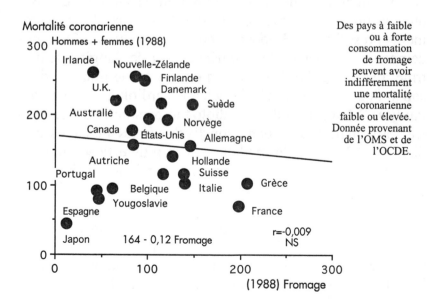

On n'a malheureusement pas réussi à établir de relation, positive ou négative, entre la mortalité coronarienne et la quantité de fromage consommée dans les vingt et un pays les plus industrialisés du monde. Et l'Étude des sept pays après quinze ans de suivi est parvenue à une conclusion identique.

Aussi, et bien qu'on ne puisse aujourd'hui l'expliquer de manière satisfaisante, utiliser plus de fromage et moins de beurre que l'on remplace par de la graisse de canard ou de l'huile végétale est une mesure de santé efficace. Jean Ferniot rapporte d'ailleurs dans son excellent livre *L'Europe à table* une anecdote qui met en scène Fontenelle et l'abbé Terrasson qu'il a prié à souper. Fontenelle aime les asperges à l'huile, l'abbé les préfère au beurre. Peu avant de se mettre à table, Terrasson s'effondre, victime d'une apoplexie. Fontenelle alors court à ses cuisines et crie : « Tout à l'huile, maintenant tout à l'huile ! » Fontenelle, fin gourmet, mourra centenaire.

On sait aussi que les Toulousains boivent davantage de vin que les Lillois ou les Strasbourgeois. Je n'ai tout d'abord pas osé imaginer que la consommation de vin puisse expliquer la protection observée. Certes la plupart des médicaments prescrits par Hippocrate contenaient du vin. Plus près de nous, Heberden (1786), le découvreur de l'angine de poitrine, recommandait l'utilisation de vin ou de liqueurs dans son traitement. En 1951, le célèbre cardiologue américain Paul D. White, qui fut le cardiologue personnel d'Eisenhower, affirmait encore dans son livre sur les maladies cardiaques (1951) que le médicament le plus efficace pour le traitement de l'angine de poitrine était, après les nitrites, l'alcool. J'ai utilisé de nouveau les statistiques de l'OMS pour la mortalité coronarienne et eu recours au *World Drink Trends* (1992) pour la consommation d'alcool en 1989.

Comme l'avait déjà rapporté Saint-Léger et ses collaborateurs en 1979, on observe pour les vingt et un pays les plus industrialisés du monde que le nombre d'accidents coronariens fléchit avec la consommation d'alcool. Mais la relation n'est pas très significative du point de vue statistique. Elle l'est autant que celle reproduite page 118 pour la consommation de produits végétaux.

Relation entre mortalité coronarienne (OMS, 1989) et consommation d'alcool.

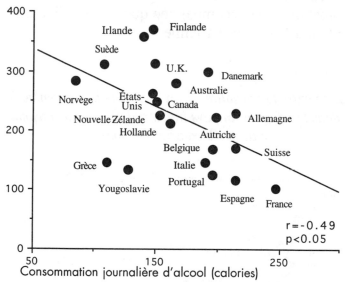

Mortalité coronarienne chez les hommes en 1989.

Saint-Léger et ses collaborateurs avaient aussi rapporté que l'effet protecteur semblait en grande partie venir de la consommation de vin. C'est encore très exactement ce que nous observons en 1989. Si l'on tente de relier la mortalité coronarienne de la figure précédente à la consommation de vin, la relation est beaucoup plus forte que celle obtenue avec l'alcool. La relation n'est plus alors exprimée par une ligne droite mais par une courbe exponentielle (voir graphique ci-dessous).

À l'examen, nous remarquons que la France est, comme beaucoup d'autres pays, proche de la courbe : la relation existerait sans elle. Si on enlève la France du calcul, on obtient une relation tout aussi significative. Cette remarquable relation vaut donc pour l'ensemble des pays industrialisés. La courbe exponentielle indique qu'une petite quantité de vin suffit à assurer une protection efficace. En revanche, au-delà de 100 calories par jour, soit 14 g d'alcool ou un peu plus d'un verre de vin, l'augmentation de la consommation n'est accompagnée que d'une faible diminution de la mortalité coronarienne.

Relation entre la mortalité coronarienne et la consommation de vin dans les vingt et un pays industrialisés qui en consomment plus de 10 calories par jour.

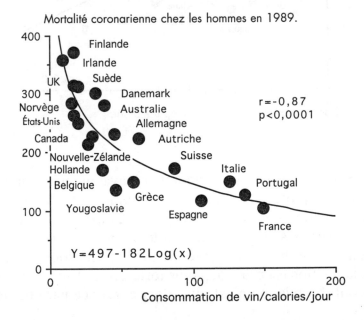

Mortalité coronarienne chez les hommes en 1989.

$r=-0,87$
$p<0,0001$

$Y=497-182Log(x)$

Consommation de vin/calories/jour

La consommation de vin explique-t-elle ou n'explique-t-elle pas le paradoxe français ? La France, qui est le plus grand consommateur de vin au monde, devrait avoir la plus faible mortalité coronarienne. Tel est bien le cas.

On sait aussi que la consommation de produits laitiers, exception faite du fromage, est toujours la plus fortement reliée à l'accident coronarien. Plus on consomme de produits laitiers, plus on risque un accident coronarien. La relation positive est très significative mais n'explique que 42 % de la mortalité coronarienne. D'après ce calcul statistique, l'absence de consommation de vin expliquerait 76 % de la mortalité coronarienne dans l'ensemble des pays industrialisés.

Si, dans le calcul, on essaie d'introduire d'autres facteurs alimentaires telle la consommation de légumes, de fruits ou de vin, on constate que seul le vin modifie de façon significative la relation. Elle devient alors extrêmement forte, la

Relation entre la mortalité coronarienne et la consommation de produits laitiers (prod. lait.).

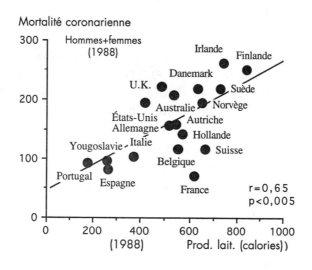

consommation conjointe de produits laitiers et de vin expliquant 77 % de la mortalité coronarienne dans l'ensemble des pays.

Relation entre la mortalité coronarienne et la consommation de produits laitiers et de vin.

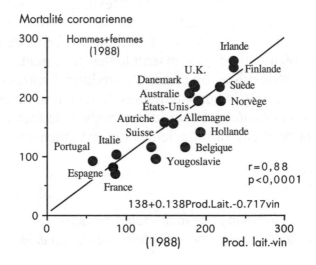

La plupart des pays sont alors situés très près de la ligne de régression. Lorsqu'on considère la consommation de vin et de produits laitiers, la France, qui se trouve éloignée de la ligne, se retrouve dans une situation comparable à celle des autres pays. Cette constatation montre donc que le paradoxe français est principalement dû à la consommation de vin. Nous l'avons souligné dans l'article du *Lancet* (1992) (Renaud, de Lorgeril). Voilà donc une nouvelle illustration du paradoxe français : en dépit d'une consommation élevée de produits laitiers, la France conserve une mortalité coronarienne faible.

Alcool et santé

Le rôle protecteur de l'alcool et du vin a d'ailleurs déjà été constaté. Dans les six ou sept dernières années, de nombreuses études épidémiologiques prospectives ont été publiées. Près d'un million de sujets ont ainsi été suivis sur des périodes allant de deux à vingt-deux ans. On a ainsi commencé par mesurer la consommation d'alcool au sein de la population choisie. On a aussi évalué les facteurs qui y sont reliés, tel le taux de cholestérol dans le sang. Plusieurs années après, les sujets ont été réévalués et l'on a alors précisé la cause des décès éventuellement survenus. De telles études ont été menées dans de nombreux pays, aux États-Unis, en Grande-Bretagne, au Japon, en Finlande, en Italie, etc. En fait, aucun aliment, aucun médicament n'a été autant étudié que l'alcool. Les résultats concordent dans l'ensemble.

Les études montrent qu'avec une consommation modérée d'alcool, par exemple un à quatre verres de vin par jour, la mortalité coronarienne est inférieure de 15 à 60 % à celle des non-buveurs. On constate qu'au-delà la protection coronarienne diminue parfois.

La seule étude qui ait montré une augmentation du risque coronarien, quelle que soit la dose d'alcool, est l'étude finlandaise de Suhonen (1987). Mais 60 % des sujets étudiés consommaient uniquement de l'alcool fort et buvaient pour s'enivrer. Plusieurs études, telles celles de Framingham (Gordon, 1983) et de Harvard (Rimm, 1991), ont conclu que l'alcool n'était un bienfait que s'il était consommé régulièrement et modérément. Boire en vue de s'enivrer, c'est toujours augmenter les risques de crise cardiaque et d'accidents vasculaires cérébraux (Hillbom, 1987).

L'étude la plus importante par le nombre de sujets retenus est celle menée par l'American Cancer Society qui a

Relation entre la consommation d'alcool et les différentes
mortalités chez 276 000 Américains.
Adapté de Bogetta et Garfinkel, 1990.

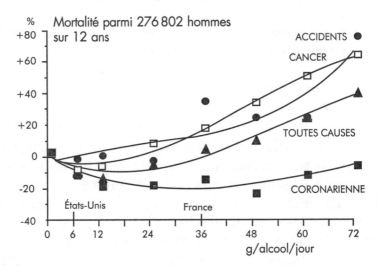

suivi plus de 276 000 sujets pendant près de douze ans
(Bofetta et Garfinkel, 1990).

Toutes les courbes en forme de J indiquent que l'effet
observé dépend de la dose. On remarque que la mortalité est
toujours plus faible avec une quantité modérée d'alcool
(environ 12 g) qu'en l'absence complète d'alcool et que c'est
la protection contre l'accident coronarien qui est la plus forte.

Tant que la consommation reste inférieure à 36 g par
jour, ce qui représente la consommation moyenne du Français, la mortalité toutes causes confondues est inférieure ou
égale à celle des non-buveurs. Au-delà de cette quantité, le
risque d'accidents et de cancers augmente. Il est plus élevé
de 40 à 60 % pour des consommations quotidiennes supérieures à 70 g, ce qui représente le contenu d'une bouteille
de vin.

Par rapport aux États-Unis où la consommation
moyenne d'alcool est de 7 g par jour, la France devrait comp-

ter environ 20 % de plus d'accidents, 20 % de plus de cancers et 10 % de moins de crises cardiaques. La mortalité toutes causes confondues devrait être sensiblement la même. L'observation montre que les Français présentent bien 20 % de plus de cancers et de morts violentes mais la mortalité toutes causes confondues est inférieure de 10 % à celle des Américains, notamment parce que la mortalité coronarienne y est plus faible de 60 %. Il faut dire que les États-Unis diffèrent tant par la façon de boire que par les boissons consommées. Les Français boivent surtout au moment des repas, les Américains en dehors des repas. Aux États-Unis, la bière représente 57 % de l'alcool consommé, les spiritueux 37 % et le vin 11 %. En France, le vin compte pour 58 %, la bière pour 23 % et les spiritueux pour 19 %. Or l'effet protecteur contre la maladie coronarienne est d'autant plus important que l'alcool est consommé régulièrement, à dose modérée, ce qui est en général le cas pour le vin.

Jusqu'à présent, peu d'études ont distingué l'effet des différentes boissons alcoolisées. Les quelques études qui l'ont fait montrent que le vin offre une protection supérieure à celle des autres alcools. À Oakland, en Californie, Klatsky (1992) a ainsi montré sur 128 900 sujets suivis pendant sept ans que la consommation de vin offrait une protection de 30 à 40 % supérieure à celle des spiritueux. Une étude danoise très récente menée par le groupe de Gronbaek (1995) sur 12 000 sujets a même indiqué que, parmi toutes les boissons alcoolisées, seul le vin consommé à dose modérée était associé à une protection contre la mortalité cardio-vasculaire (réduction de 50 %) et la mortalité toutes causes confondues (réduction de 20 à 50 %).

Une information supplémentaire nous est fournie par l'étude conduite sur 12 000 médecins anglais suivis pendant treize ans (Doll R., 1994). Pour une consommation de 21 g d'alcool par jour, soit l'équivalent de deux verres de vin, la réduction de la mortalité cardio-vasculaire, coronarienne et cérébrale, comparée à celle des non-buveurs, était de 38 %, celle de la mortalité totale de 30 %.

En Grande-Bretagne, la consommation de vin est plus élevée qu'aux États-Unis. De plus, il est probable que les médecins britanniques consomment davantage de vin que la majorité de la population. Ainsi, bien qu'une analyse plus précise des boissons alcoolisées consommées par ces médecins n'ait pas été faite, la protection observée, qui est supérieure à celle d'autres études, est probablement due en partie à la consommation de vin.

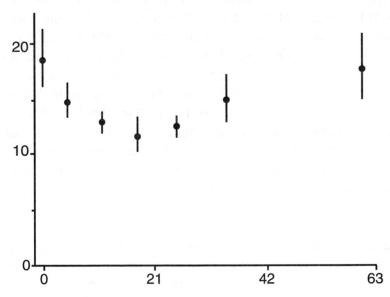

Mortalité cardio-vasculaire chez les médecins britanniques en fonction de leur consommation d'alcool.
Adapté de Doll et coll., 1994.

Une unité d'alcool correspond à 8 g d'alcool.

Enfin, il est un cancer bien connu pour son association avec la consommation d'alcool et le tabagisme. C'est le cancer de la bouche et du pharynx. Une consommation inférieure à 1 est attribuée au groupe témoin qui ne prend pas d'alcool (avec une réponse de base égale à 1).

Cancers oropharyngés et consommation d'alcool chez la femme. Adapté de Blot, 1988.

Verres par semaine	Spiritueux	Bière	Vin
< 1	1.0	1.0	1.0
1 – 4	1.3	2.2	0.6
5 – 14	1.5	2.9	0.8
15 – 29	4.9	2.3	0.5
30+	7.8	18.0	1.6

Le risque de cancer oropharyngé est multiplié par 7,8 lorsqu'on consomme plus de trente verres de spiritueux par semaine, par 18 s'il s'agit de bière mais seulement par 1,6 si la boisson est du vin. Notons que jusqu'à vingt-neuf verres de vin par semaine, soit quatre verres par jour, on observe une réduction de ce risque de 20 à 50 % puisque le chiffre oscille entre 0,5 et 0,8. Le vin est donc la seule boisson alcoolisée qui, à dose modérée, soit associée à une protection contre le cancer oropharyngé. La bière et les spiritueux augmentent les risques. Si l'effet protecteur du vin contre le cancer de la bouche et du pharynx était confirmé par d'autres études, notamment en France, alors serait démontrée à mes yeux l'indiscutable supériorité du vin sur toute autre boisson alcoolisée.

Une seule étude prospective a été faite sur des buveurs exclusifs de vin (Farchi et coll, 1992). Elle a été menée sur les groupes italiens de l'Étude des sept pays (Montegior-gio, Crevalcore). Il s'agissait de ruraux, physiquement actifs, consommant régulièrement et majoritairement du vin aux repas. La plus faible mortalité, toutes causes confon-dues, était observée avec une consommation approximative d'un demi-litre de vin par jour.

En tenant compte de l'ensemble de ces données, on peut avancer que, par rapport aux États-Unis, la consommation de vin est, en France, responsable d'une baisse d'environ 50 % de la mortalité coronarienne. Seule une étude prospective menée en France sur un nombre suffisant de sujets (trente à cinquante mille) et comparant les buveurs de vin à ceux qui ne boivent pas ou boivent d'autres boissons alcoolisées per-mettra de savoir, une fois pour toutes, si le paradoxe français s'explique dans sa totalité par la consommation de vin.

Si l'on remarque à ce point la réduction de la mortalité cardio-vasculaire en France, c'est qu'elle se voit encore lorsque la consommation de vin est élevée. Pour les cancers, en revanche, l'effet protecteur n'est rapporté que pour des doses très modérées allant de deux à quatre verres de vin par jour, comme nous l'avons démontré dans notre récente étude sur 34 000 hommes (Renaud, 1998). Une telle consommation de vin au repas, surtout si l'on ne fume pas, n'a probable-ment que des effets bienfaisants.

Alcool et maladie coronarienne

De nombreuses études ont montré que l'alcool ou le vin augmentaient le niveau du « bon cholestérol» (ou cholesté-rol HDL) dans le sang (Renaud, Criqui et coll, 1993). Comme celui-ci est, à un niveau élevé, associé à un effet pro-tecteur contre l'accident coronarien, beaucoup de chercheurs ont pensé qu'il s'agissait du principal mécanisme expliquant l'effet de l'alcool. Or trois études sont venues successivement démontrer que le cholestérol HDL ne pouvait au mieux expliquer l'effet protecteur de l'alcool qu'à 50 % (Langer et coll, 1992).

Les lipoprotéines HDL de haute densité qui transportent le cholestérol des vaisseaux vers le foie chargé de son élimination passaient pour avoir un rôle protecteur dans la prévention de l'athérosclérose. L'alcool protégeait donc en agissant indirectement sur la formation d'athérosclérose qui est faible ou nulle chez les cirrhotiques. Cette explication a récemment été mise en cause pour différentes raisons (Durrington, 1993). Elle a notamment été contestée pour des doses modérées d'alcool (Renaud, Criqui et coll, 1993).

Ce qui demeure assuré, c'est que l'alcool empêche l'infarctus, c'est-à-dire la thrombose coronarienne (Yano, 1977). D'autres résultats indiquent que l'alcool empêche la thrombose coronaire ou cérébrale, alors qu'il prédispose à l'hémorragie (Stampfer, 1988). Autrement dit, on observe avec l'alcool le phénomène que j'ai décrit précédemment chez les Esquimaux et que l'on attribue d'ordinaire à la consommation élevée de poisson. Les Esquimaux qui saignent facilement décèdent d'hémorragies mais très rarement de crises cardiaques. On a émis l'hypothèse que les acides gras du poisson agissaient sur la thrombose par l'intermédiaire des plaquettes sanguines. Mais c'est oublier que les Esquimaux sont aussi de grands consommateurs d'alcool. Quel est donc le rôle éventuel de l'alcool dans l'hémorragie ? À l'occasion d'un congrès international à Valencia, en Espagne, la question a été posée par un hématologiste de New York dont les travaux sur les plaquettes sanguines font autorité, Aaron Marcus. Ce dernier ne croyait pas au rôle des acides gras dans l'induction d'une hémorragie. Il exerçait alors au Veteran Administration Hospital qui est réservé aux anciens militaires. Selon lui, c'étaient les alcooliques plus que les grands consommateurs de poisson qui présentaient des phénomènes hémorragiques.

Dès qu'on parle d'hémorragie et de thrombose, on pense immédiatement aux plaquettes sanguines dont le premier rôle est d'arrêter l'hémorragie lors d'une blessure. On y pense d'autant plus que le médicament le plus utilisé dans la prévention de la crise cardiaque est l'aspirine, dont l'effet principal est d'inhiber la réponse des plaquettes à l'agrégation.

Si l'aspirine n'a aucune influence sur le niveau de cholestérol sérique, elle favorise en revanche l'hémorragie, tout comme l'alcool. On a plus d'une fois étudié l'effet de l'alcool sur l'agrégation des plaquettes sanguines. Les résultats concordent si l'on tient compte des deux phases qu'il comporte.

Une forte dose d'alcool, un grand verre de whisky sec par exemple, a pour premier effet chez l'homme ou chez l'animal d'inhiber la réponse des plaquettes à l'agrégation, quelle que soit la substance qui provoque l'agrégation – collagène, adrénaline ou autre. L'absorption d'alcool a un *effet inhibiteur* : en quantité importante, elle favorise le saignement, à très forte dose, l'hémorragie. Ce phénomène a souvent été observé par les femmes au moment de leurs règles. Quelques heures plus tard, l'effet inhibiteur est suivi d'un *effet rebond* caractérisé par une réponse des plaquettes plus forte, parfois beaucoup plus forte, que celle qui précède la prise d'alcool. La consommation d'alcool poussée jusqu'à l'ivresse peut ainsi s'accompagner de phénomènes hémorragiques. Elle peut aussi, plusieurs heures après, provoquer un accident thrombotique suivi, éventuellement, d'une mort soudaine ou d'un accident vasculaire cérébral (Hillbom, 1987).

L'action de l'alcool sur les plaquettes sanguines rend compte, en grande partie, de son effet sur la santé et de son rôle dans les problèmes cardio-vasculaires. En coopération avec le groupe de Peter Elwood (du British Medical Research Council) à Cardiff, nous avons étudié sur mille six cents hommes de la petite ville minière de Caerphilly la réponse des plaquettes sanguines à l'agrégation déclenchée par différentes substances. La diététicienne Anne Fehily évaluait la consommation d'alcool chez les sujets.

Les résultats montrent que l'inhibition de l'agrégation des plaquettes induite par l'adénosine diphosphate (ADP) augmente avec la quantité d'alcool (Renaud et coll., 1992). Cet effet inhibiteur est parallèle et de même amplitude que celui rapporté ailleurs lors d'études sur la mortalité coronarienne (Rimm, 1991). Il est le plus marqué sur la deuxième vague d'agrégation par l'ADP.

L'ADP est une substance de l'organisme fabriquée dans les cellules lors de la production d'énergie. Elle se trouve donc facilement au contact des plaquettes sanguines. Lorsqu'on ajoute de l'ADP aux plaquettes, on induit immédiatement un phénomène d'agrégation suivi d'une désagrégation : c'est la première vague. Quelques secondes plus tard apparaît une deuxième vague d'agrégation, parfois beaucoup plus importante (chez les sujets qui ont une forte réponse à l'agrégation). Cette deuxième vague, conséquence de la première, est induite par la libération de substances provenant des plaquettes elles-mêmes. C'est en inhibant la production des substances qui induisent cette deuxième vague que l'aspirine et l'alcool agissent.

L'effet de l'alcool dans la deuxième vague d'agrégation à l'ADP est un phénomène plus durable que l'inhibition de la réponse à d'autres substances comme le collagène et surtout la thrombine.

La thrombine est une enzyme protéolytique nécessaire à la coagulation et, notamment, à la formation des filaments de fibrine qui consolident le caillot ou la thrombose. L'alcool n'inhibe son effet sur les plaquettes qu'aussi longtemps qu'il se trouve dans le sang. Mais si la consommation d'alcool est très forte, tous les tests d'agrégation sans exception présentent un effet rebond quelques heures plus tard.

Les tests d'agrégation plaquettaire se font le matin sur des sujets à jeun depuis la veille. Dans ces conditions, on remarque que la deuxième vague d'agrégation plaquettaire à l'ADP n'est inhibée qu'en fonction de la consommation habituelle d'alcool. Pour la réponse à la thrombine, on observe une augmentation de la réponse des plaquettes sanguines de 50 à 100 % chez les buveurs modérés de spiritueux ou de bière. En revanche, chez les buveurs de vin, l'agrégation à la thrombine est encore inhibée lorsqu'ils sont à jeun.

La figure ci-dessous illustre l'effet de l'alcool, du vin rouge et du vin blanc dilués dans la même quantité d'alcool (6 %) sur l'agrégation à la thrombine. Dans le premier

Influence de l'alcool et du vin sur l'agrégation à la thrombine. Adapté de Ruf et coll., 1995.

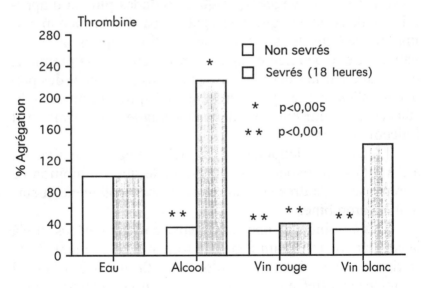

Lorsque les animaux ne sont pas sevrés, la réponse des plaquettes, quelle que soit la boisson alcoolisée, est inhibée d'environ 70 % comparée à celle du groupe qui ne reçoit que de l'eau.

Les animaux sevrés d'alcool à 6 % montrent, en revanche, une augmentation de la réponse à l'agrégation de plus de 100 % comparés à ceux qui ont toujours reçu de l'eau. Les animaux ayant bu du vin rouge ont gardé une inhibition de la réponse de l'ordre de 60 % et ceux ayant reçu du vin blanc une réponse intermédiaire, entre celle de l'alcool et du vin rouge.

groupe, on a fait boire les animaux jusqu'au dernier moment, dans le second, ils sont sevrés depuis dix-huit heures.

On peut conclure peu sérieusement de ces travaux qu'il vaut mieux s'enivrer au vin rouge. On ne risque pas ainsi, comme les Finlandais, d'être frappé dans les heures ou les jours qui suivent d'un arrêt cardiaque ou d'une apoplexie.

Il nous reste plus sérieusement à déterminer l'origine de l'effet protecteur du vin rouge et de son mécanisme. Le vin rouge, en plus de l'alcool, contient deux types de substances : le glycérol (glycérine) et les tannins qui lui donnent sa couleur et possèdent des propriétés antioxydantes, comme nombre de substances contenues dans les légumes et les fruits.

Comme le montre la figure ci-dessous, l'effet protecteur du vin rouge semble essentiellement dû aux tannins.

Comparaison entre l'effet du glycérol et des tannins ajoutés à l'alcool (6 %) dans la reproduction de l'effet inhibiteur du vin rouge sur l'agrégation à la thrombine.
Étude menée sur des rats sevrés depuis 18 heures.

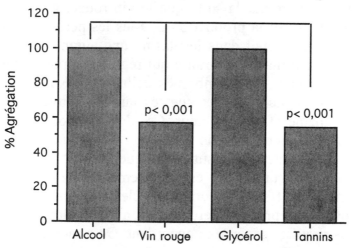

Agrégation plaquettaire induite par la thrombine chez le rat après 18 heures de sevrage

Nous avons également comparé l'effet du vin rouge dilué à 6 % d'alcool et celui de l'alcool à 6 % auquel on a rajouté, en respectant les quantités contenues dans le vin, soit du glycérol, soit des tannins. C'est bien seulement chez le groupe recevant l'alcool et les tannins que l'effet du vin rouge est reproduit.

Comme nous savions que les tannins avaient des propriétés antioxydantes et que nous avions démontré précédemment (Ciavatti et coll, 1989) que l'agrégation à la thrombine était liée à la peroxydation des acides gras du plasma, nous avons naturellement voulu voir si le vin rouge et les tannins pouvaient inhiber cette peroxydation. Nous avons alors déterminé dans le sang de ces animaux le niveau de ces substances aux différentes étapes de la peroxydation des polyinsaturés qui y sont particulièrement sensibles.

Au cours de ce processus, se forment d'abord des substances appelées diènes conjugués. On peut constater que leur niveau est bien plus bas chez les animaux recevant du vin rouge que chez ceux qui reçoivent uniquement de l'alcool à 6 %. On constate une diminution semblable des diènes si l'on ajoute des tannins à l'alcool. L'ajout de glycérol n'a pas cet effet.

On a montré par la suite que le vin rouge, grâce à ses tannins, diminuait la production de tous les peroxydes lipidiques. On constatait dans le plasma une augmentation du niveau de vitamine E, vitamine qui régule ces phénomènes d'oxydation dans les membranes cellulaires (Ruf et coll., 1995). N'en concluons pas que les tannins peuvent avoir, seuls, le même effet protecteur. Ce n'est qu'ajoutés à l'alcool qu'ils présentent cette propriété. Sans alcool, le vin n'offre aucune protection sur les plaquettes.

Le modèle utilisé ici est directement lié à l'accident coronarien. Il diffère des autres modèles expérimentaux qui étudient les lipoprotéines en relation avec l'athérosclérose. Mais les résultats généraux concordent. On a montré récem-

Niveau des diènes conjugués chez les animaux
de la figure précédente.

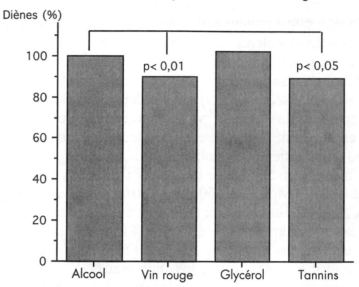

Diènes conjugués plasmatiques
chez le rat après 18 heures de sevrage

ment que les extraits phénoliques du vin rouge empêchaient l'oxydation des lipoprotéines de basses densités (LDL) beaucoup plus efficacement que la vitamine E (Frankel et coll, 1993). De plus, le vin rouge consommé par des volontaires inhibe l'oxydation des LDL (Kondo et coll, 1994), probablement grâce à l'activité antioxydante du sérum qui a été démontrée directement (Maxwell et coll., 1994). Comme la peroxydation des lipides est un phénomène impliqué dans la maladie coronarienne mais aussi dans le cancer et le vieillissement, on comprend mieux pourquoi on peut enfin parler de vin et de santé.

Vin et santé

L'alcoolisme est l'un des grands fléaux de nos sociétés. On a pourtant longtemps distingué, à juste titre, le vin des autres boissons alcoolisées. Le vin contient bien de l'alcool mais sa consommation ne vise pas en général à provoquer l'ivresse ou à satisfaire des besoins alcooliques. D'Houtaud et ses collaborateurs (1989) ont d'ailleurs comparé les départements les plus touchés par l'alcoolisme et les problèmes qui en résultent – psychose alcoolique et cirrhose du foie – et les départements les moins affectés. En 1982, la mortalité due à une consommation trop élevée d'alcool était la plus forte dans le Morbihan (60 pour 100 000 habitants), le Pas-de-Calais (52) et la Nièvre (50). Elle était la plus faible dans le Lot-et-Garonne (18), le Tarn (18) et l'Aude (14). Les régions viticoles sont donc celles en France où les méfaits de l'alcoolisme sont les moins nombreux. D'Houtaud en concluait que le vin n'était pas la boisson qui conduit le plus souvent à l'alcoolisme.

Or le vin accompagne merveilleusement un repas. Avez-vous jamais participé à un banquet où l'on n'a pas prévu de vin ? On sert de l'alcool avant de se mettre à table. Mais la convivialité disparaît rapidement au cours du repas. Au lieu de convives, il n'y plus que des participants qui, le nez dans leur assiette, ne manifestent qu'un désir, celui de quitter la table au plus vite. La convivialité qu'apporte le vin participe assurément de notre santé physique et morale.

D'ailleurs, depuis des millénaires, les pays méditerranéens ne conçoivent pas de repas sans vin. Pris dans ces conditions, il n'a plus rien d'une boisson alcoolique. C'est un aliment que l'on doit, comme tout autre, consommer avec modération. Plus largement, les régions méditerranéennes disposent depuis des siècles des aliments et du mode de vie qui permettent à leurs habitants de vivre longtemps et en bonne santé. Il aura fallu attendre la fin du XXᵉ siècle pour que l'on redécouvre les bienfaits démontrés de la diète méditerranéenne et notamment du vin.

9

Régime méditerranéen et régime continental

Les études d'observation menées sur l'homme avaient indiqué qu'outre l'athérosclérose la thrombose était également directement influencée par les habitudes alimentaires, notamment par la consommation de graisses saturées. On savait aussi que différents types de thromboses pouvaient être induits chez l'animal pour peu qu'il ait suivi au préalable un régime riche en graisses saturées. Cette prédisposition à la thrombose passait par une augmentation de l'activité des plaquettes sanguines qui stimulait la coagulation du sang et favorisait l'agrégation. Restait à démontrer que ces phénomènes apparaissaient aussi chez l'homme.

Une nouvelle méthode

Durant mon séjour à l'Institut de cardiologie de Montréal, j'avais déjà tenté d'appliquer ces résultats à l'homme en comparant des patients coronariens et des témoins en bonne santé (Renaud, Gautheron et coll, 1974). Les essais avaient été décévants. Nombre de patients avaient probablement suivi les prescriptions des diététiciennes et modifié leurs habitudes alimentaires, ce qui affecte la réponse des plaquettes sanguines tout comme la médication intensive à laquelle ils étaient soumis. Enfin, les témoins qui étaient tous en bonne santé au moment de la prise de sang pouvaient avoir un infarctus dans les semaines ou mois suivants. Ce fut effectivement le cas pour l'un d'entre eux.

Cette approche utilisée ordinairement pour mesurer les différences biologiques entre personnes malades et personnes saines ne me satisfaisait pas. J'estimais préférable de comparer entre elles des populations encore saines mais différant par le nombre de maladies coronariennes qu'elles développeraient ultérieurement selon toute probabilité. D'après l'Étude des sept pays, les statistiques de l'OMS, de la FAO ou de l'OCDE, les populations qui différaient par le taux de mortalité coronarienne différaient également par leurs habitudes alimentaires, en particulier par leur consommation d'acides gras saturés. En Europe, dans les années soixante-dix, les habitudes alimentaires et la mortalité coronarienne présentaient d'énormes différences d'un pays à l'autre. Je pouvais donc, sans grande difficulté, envisager d'étudier ces différences depuis le centre de recherche lyonnais où je me trouvais en 1974.

Mais il nous fallait pratiquer sur les populations retenues des tests bien plus difficiles à réaliser que les tests ordinaires. Pour les analyses de cholestérol sérique, de cholestérol HDL, de triglycérides ou d'apoprotéines, il suffit de faire une prise de sang sur place et de transporter le sang dans un réfrigérateur portable jusqu'à la ville voisine. Dans un hôtel de ville ou un dispensaire, une centrifugeuse de table permet de préparer le sérum que l'on entrepose dans un petit congélateur jusqu'à son transport dans le laboratoire qui fera l'analyse.

Mais pour tester l'agrégation plaquettaire et la coagulation, le sang doit être centrifugé à température constante dans les cinq minutes qui suivent le prélèvement. Il faut ensuite préparer les échantillons de plasma et pratiquer au moins deux centrifugations à vitesse différente. Lors de la préparation, on doit veiller à ce que le nombre des plaquettes contenues dans chaque échantillon soit identique. On utilise alors un compteur électronique, fragile et sophistiqué. Une fois les échantillons préparés et entreposés à 25 °C, il faut encore procéder, dans les trente minutes qui suivent, à l'évaluation de l'agrégation plaquettaire et des tests de coagulation sur le plasma. Si l'on attend plus longtemps, les résultats deviennent totalement aberrants. Bref, l'étude des plaquettes sanguines nécessite qu'il y ait sur place un laboratoire équipé, où la température soit constante, hiver comme été, et tous les instruments nécessaires présents en double pour faire face à une panne éventuelle.

Parce que nous étions convenus d'étudier des populations rurales, nous devions pouvoir nous déplacer facilement et faire, au besoin, plusieurs centaines ou milliers de kilomètres. Il fallait donc encore que le laboratoire soit mobile comme les unités utilisées par les centres de transfusion sanguine. Comme sa construction par une entreprise se révélait beaucoup trop chère, je décidai d'acheter une caravane de commerce que j'aménageai en laboratoire.

Par ailleurs, les instruments disponibles à cette époque pour évaluer l'agrégation plaquettaire étaient des appareils primitifs qui ne permettaient d'obtenir des résultats que si l'on comparait immédiatement et dans les conditions normales de laboratoire les sujets expérimentaux et les sujets témoins. Je ne croyais pas pouvoir m'y fier pour comparer, à des périodes différentes, l'agrégation plaquettaire de populations distantes de plusieurs centaines de kilomètres. Enfin, aucun des appareils existants ne permettait de déterminer l'un des tests que nous savions devoir utiliser, le PCT. Or l'idéal était de pouvoir réaliser ce test et l'agrégation plaquettaire sur le même instrument.

Avec l'aide de Jean-Paul Rubel, professeur à l'INSA, aujourd'hui directeur de l'unité INSERM 121, nous avons mis au point un appareil simple, capable de déterminer presque tous les tests de coagulation et d'agrégation plaquettaire avec une sensibilité encore inconnue des appareils commerciaux. Après vingt ans de loyaux services, la plupart de nos agrégo-coagulomètres sont encore utilisables.

Il nous restait encore à choisir les régions d'étude et à sélectionner les sujets. Comparer des Finlandais et des Italiens dans une étude pilote, comme il avait été proposé par mes collègues James Iacono et Rudolph Paoletti, me paraissait une entreprise beaucoup trop onéreuse compte tenu des moyens fournis par le National Institute of Health (NIH) et l'INSERM. Nous choisîmes finalement de comparer deux départements français, le Var et la Moselle, où le taux de mortalité coronarienne (statistiques de l'INSERM) et les habitudes alimentaires différaient fortement. Nous avions décidé d'étudier des populations rurales et de ne retenir que des agriculteurs exploitants âgés de quarante à quarante-cinq ans et nés dans la région.

À cette époque (1975), dans les pays européens, les agriculteurs exploitants, du fait de leur mode de vie et de leurs activités, se prêtaient facilement à une comparaison entre régions ou pays. Nés dans une même région, ils présentaient, en outre, des caractères héréditaires, des habitudes alimentaires et des façons de vivre généralement semblables. Comme ils mangeaient d'ordinaire chez eux, la diététicienne pouvait plus facilement évaluer avec précision leur alimentation en leur rendant visite au moment des repas. Ces habitudes alimentaires ne variaient guère d'un jour sur l'autre. Enfin, un chef de famille travaillant seul sur une exploitation est parfaitement conscient de l'importance qu'a pour lui et sa famille son état de santé. Il est plus volontiers disposé à participer à une étude dont les résultats peuvent éventuellement l'aider à se maintenir en bonne forme. De fait, la coopération de ces populations a toujours été exemplaire et chaleureuse.

Les études dans le Var et dans la Moselle

Les deux villes choisies dans le Var furent Barjols et Lorgues où l'activité principale est la production de vin. Dans la Moselle, c'est à Puttelange-aux-Lacs que nous nous sommes arrêtés.

Pour *la première étude comparative*, réalisée au printemps 1976, nous n'avons examiné que vingt-quatre sujets varois. La caravane-laboratoire fut ensuite déplacée en Moselle où nous avons examiné vingt sujets. Puis nous sommes retournés à notre quartier général de Lyon où nous avons procédé aux analyses du plasma, du sérum et des échantillons de nourriture conservés à – 40 °C.

Cette étude pilote montrait que le cholestérol sérique était semblable dans les deux régions mais les triglycérides et la pression artérielle légèrement plus élevés dans le Var.

Or nous savions, grâce aux statistiques de l'INSERM pour l'année 1972, qu'entre trente-cinq et cinquante-quatre ans, la mortalité masculine par accident coronarien était dans le Var inférieure de 37 % à celle de la Moselle. Ce résultat ne pouvait être dû au cholestérol, identique d'après nos deux échantillons. Les tests de coagulation et d'agrégation plaquettaire, plus favorables dans le Var, pouvaient fournir une explication plausible (Renaud, Dumont et coll., 1979).

La pesée des aliments consommés et l'analyse chimique de la nourriture nous permirent de déterminer qu'en Moselle on consommait davantage de graisses et surtout de graisses saturées (42 % de plus que dans le Var). La cuisine faite à base de beurre et de crème y était plus riche et le repas se terminait généralement par un gâteau ou une tarte. Dans le Var, on cuisinait presque exclusivement à l'huile, on consommait davantage de pain, de crudités, de légumes cuits mais moins de viande ; l'habitude était de prendre des fruits en dessert. Enfin, les agriculteurs y buvaient davantage de vin (80 % de plus qu'en Moselle).

Dès cette première étude, j'avais la démonstration que je cherchais. Le cholestérol peut bien être identique avec un régime méditerranéen ou continental, mais les plaquettes sanguines réagissent de façon très différente.

Ces premiers résultats étaient encourageants. Il fallait les confirmer par d'autres. De nouvelles études débutèrent en 1977, lorsque nous eûmes trouvé les subventions publiques et privées nous permettant de mener une recherche continue pendant plusieurs années.

La seconde étude comparative regroupait d'abord un plus grand nombre de sujets. Les épouses des sujets masculins retenus lors de la première étude étaient cette fois incluses. Les résultats obtenus ont confirmé ceux de la première étude.

Les sujets de Moselle présentent une accélération très nette du temps de coagulation des plaquettes (F3-CT) et une réponse beaucoup plus importante à l'agrégation par la thrombine. Nous avons également déterminé l'agrégation déclenchée par l'ADP, l'adrénaline et le collagène. Comme pour la thrombine, ces trois derniers tests sont plus bas dans le Var qu'en Moselle (Renaud, 1989).

Tous les tests impliquant les plaquettes sanguines sont donc moins élevés avec un régime méditerranéen. Ce résultat fut une surprise pour moi car chez le rat, lorsqu'on remplaçait le beurre par une huile végétale comme l'huile de maïs ou de tournesol, on diminuait l'agrégation à la thrombine mais on augmentait celle à l'ADP et au collagène.

En examinant les régimes des deux départements, nous nous sommes rendu compte que la quantité de graisses saturées était beaucoup plus faible dans le Var (11,2 % des calories) qu'en Moselle (14,2 % des calories) sans que la quantité d'acides gras polyinsaturés dans le Var (6,3 % des calories) soit plus élevée qu'en Moselle (7,4 % des calories). Chez l'animal, nous observions l'augmentation de la réponse à l'ADP, lorsque dans le groupe qui consommait de l'huile végétale nous abaissions les saturés et augmentions considérablement les polyinsaturés. Or si les habitants du Var consomment moins de saturés, ils ne les remplacent pas par des polyinsaturés (Renaud, Morazain et coll., 1986). Cette observation, capitale pour la recherche du régime idéal de santé, vient en grande partie de ce que l'huile d'olive, abondamment utilisée dans le Midi, est peu riche en acides gras polyinsaturés et notamment en acide linoléique.

Nous avons aussi, dans les deux régions, étudié quelques couples. En principe, l'homme et la femme avaient des habitudes alimentaires semblables et consommaient des aliments préparés de façon identique. On pouvait donc essayer de déterminer par nos tests si des différences apparaissaient suivant le sexe.

Généralement, le mari décède avant sa femme. Il y a donc plus de veuves que de veufs. Malheureusement, nous n'avons pu étudier que vingt et un couples en Moselle et seize dans le Var, ce qui est trop peu.

Néanmoins, pour ce qui est du temps de coagulation des plaquettes ou des tests d'agrégation, les résultats sont identiques entre mari et femme d'une même région, ce qui confirme le rôle primordial de l'alimentation dans la réactivité des plaquettes sanguines. En revanche, le taux des lipides sanguins diffère d'un sexe à l'autre. Dans la Moselle, les épouses avaient un niveau de cholestérol et de triglycérides sériques bien plus bas que leur mari ; dans le Var, c'était le bon cholestérol qui était plus élevé chez les femmes. Une partie de l'effet protecteur dont bénéficie le « sexe faible » pourrait donc s'expliquer par le taux de lipides sériques.

La comparaison entre l'Écosse de l'Est et l'Écosse de l'Ouest que nous avons ensuite menée était nécessaire à la validation de nos résultats. La comparaison Var-Moselle avait démontré que deux régions françaises pouvaient avoir un niveau de cholestérol identique mais une mortalité coronarienne dissemblable. Cette différence semblait due à la plus forte réactivité des plaquettes sanguines qui est directement reliée à l'infarctus. Pour pouvoir généraliser ce résultat, il fallait le retrouver au moins dans un autre pays. Nous avons choisi le Royaume-Uni. Fulton et ses collaborateurs (1978) avaient rapporté que la mortalité coronarienne en Grande-Bretagne différait considérablement selon les régions.

La comparaison la plus intéressante semblait être entre l'ouest et l'est de l'Écosse, régions proches géographiquement et de caractère ethnique semblable. En France, on pouvait considérer que les habitants du Var et de la Moselle possédaient des caractéristiques génétiques différentes. Ce n'était pas le cas ici. Nous avons là encore sélectionné des agriculteurs exploitants de quarante-quarante-cinq ans, originaires de la région.

Dans l'ensemble, les résultats sont semblables à ceux fournis par la comparaison Var-Moselle. Comparé à celui de l'Ouest, le groupe d'agriculteurs de l'Est présente une réaction plus faible des plaquettes sanguines à tous les tests. Or l'alimentation entre les deux groupes diffère principalement par la consommation de produits laitiers, notamment de beurre et de crème consommés en grande quantité dans l'Ouest. Dans l'Est, un climat plus rude et un niveau de vie plus bas ont amené la population à utiliser l'huile et la margarine pour la cuisine et l'assaisonnement. On y consomme également davantage de légumes et de fruits.

Modifier la diète des Mosellans

La baisse de la réactivité des plaquettes sanguines dans l'est de l'Écosse ou dans le Var semble associée à une consommation moindre de graisses saturées. De plus, dans le Var, on consomme davantage de céréales, de légumes et de fruits. On peut tirer argument du fait que les agriculteurs du Var sont des Provençaux aux caractéristiques ethniques différentes de celles des Lorrains, proches des Germains. Comme les autres Méditerranéens, les Provençaux vivent peut-être plus calmement et font, s'ils en ont le temps, la sieste après le déjeuner ; ils souffrent moins de pollution et vivent sous un climat plus clément. Ces facteurs les protègent-ils de la crise cardiaque ?

La seule façon de déterminer à quel point les habitudes alimentaires jouent un rôle crucial dans la prédisposition plus grande des Mosellans à la maladie est de modifier leurs habitudes alimentaires afin de les rendre comparables à celles des Varois. Il faut que leur alimentation devienne en termes de nutriments identique à celle des Provençaux. L'objectif visé doit être de ramener le niveau de réactivité plaquettaire à celui observé chez les agriculteurs du Var.

Pour la première modification de la diète des Mosellans, nous avons recruté cinquante familles d'agriculteurs de la région de Puttelange-aux-Lacs qui acceptaient de modifier leurs habitudes suivant les conseils que nous leur donnions par écrit ou que dispensaient oralement la diététicienne et les assistantes de la Mutualité sociale agricole. Pour les persuader plus aisément de continuer pendant un an, nous leur avons fourni l'huile et la margarine nécessaires à l'ensemble de leur famille. Cinquante autres familles de la région de Bitche en Moselle constituaient le groupe témoin. Leurs habitudes alimentaires n'étaient pas modifiées.

Les assistantes sociales de la Mutualité agricole convoquaient les familles par petits groupes le soir et je leur exposais, avec l'aide des diététiciennes participant à l'étude, Francine Godsey et Élisabeth Ortchanian, le but de l'étude et la raison de ces modifications alimentaires. La grande majorité des agriculteurs ont accepté de participer à cette expérience originale. Bien qu'ils fussent tous en bonne santé et, pour la plupart, producteurs de produits laitiers, ils consentirent à laisser de côté le beurre, la crème et le lait entier pour utiliser la margarine et l'huile de colza.

Les agriculteurs du Var faisaient surtout leur cuisine à l'huile d'olive. On ne pouvait imaginer fournir de l'huile d'olive aux agriculteurs de Moselle. Il faut être né près de la Méditerranée pour accepter que tous les mets soient préparés ainsi. Mais l'huile de colza est l'huile dont la composition en acides gras se rapproche le plus de celle de l'huile d'olive. Étant produite abondamment en Lorraine, plusieurs familles en utilisaient déjà pour assaisonner la salade ou préparer certains mets. Nous avons proposé que son usage soit généralisé à toutes les familles participant à l'étude. Quant à la margarine choisie, c'était une margarine très riche en acide linoléique fournie gratuitement par Astra-Calvé.

Si l'on veut que les habitudes alimentaires et en particulier le niveau des acides gras du tissu adipeux soient stabilisés, il faut attendre au moins six mois. Pour éviter toute controverse, je décidai d'attendre un an avant de relever les résultats.

En confrontant les chiffres initiaux et ceux obtenus après un an de traitement, on s'aperçoit que la consommation d'acides gras saturés en Moselle est devenue semblable à celle du Var. Le temps de coagulation des plaquettes et l'agrégation à la thrombine sont également presque voisins.

En revanche, le cholestérol en Moselle est, après modification du régime, inférieur à celui du Var. Ce résultat est probablement dû à l'augmentation considérable de la consommation d'acide linoléique. Le rapport P/S y est passé à 1,2 alors qu'il est dans la Var de 0,5.

Ces résultats indiquent clairement que la réactivité plaquettaire, beaucoup plus faible dans le Var qu'en Moselle, est bien due aux habitudes alimentaires et non à un facteur héréditaire ou d'environnement. Si dans la Moselle on fait baisser la consommation de graisses saturées au niveau de celle du Var, tout en augmentant la part des polyinsaturés, on ramène la réponse des plaquettes au niveau de celle du Var. On fait, de plus, baisser le cholestérol à un niveau inférieur à celui du Var.

Cette première modification des habitudes alimentaires en Moselle faisait pourtant apparaître un problème : la réponse des plaquettes à l'agrégation par l'ADP et l'adrénaline avait augmenté au lieu de diminuer.

Or l'ADP et l'adrénaline sont des substances présentes dans le sang. L'adrénaline, au moment d'un stress, peut être sécrétée en quantité importante. L'augmentation de la réponse des plaquettes à l'ADP et à l'adrénaline ne peut être considérée comme un élément favorable à la santé humaine. D'ailleurs, dans les régions à très faible mortalité coronarienne comme le Var ou l'est de l'Écosse, l'agrégation à l'ADP et à l'adrénaline était plus basse tout comme celle à la thrombine.

J'avais, dans mes études antérieures, montré qu'une huile riche en acide linoléique, administrée en abondance à des rats, faisait baisser la réponse à la thrombine en raison de son faible contenu en acides gras saturés mais augmentait, à cause de son niveau élevé en acide linoléique, la réponse à l'ADP. Les premières modifications alimentaires en Moselle reproduisaient donc parfaitement ce que nous avions observé chez l'animal. Un régime très riche en acide linoléique ou un rapport P/S trop élevé ne peuvent avoir d'effet protecteur sur la maladie coronarienne. La découverte que seules les lipoprotéines peroxydées par la présence d'acide linoléique favorisaient la formation d'athérosclérose est venue indirectement confirmer le rôle néfaste d'une consommation trop élevée de cet acide gras polyinsaturé (Reaven et coll, 1993).

La première étude avait démontré que la réactivité plaquettaire était essentiellement liée aux habitudes alimentaires. Je me voyais mal continuer de recommander aux patients coronariens de rechercher un rapport P/S de 1,00, chiffre préconisé par l'American Heart Association, mais les résultats dont je disposais étaient encore insuffisants pour pouvoir prétendre révolutionner la diététique. Après plusieurs mois d'hésitation, j'optai pour une nouvelle étude.

La seconde modification alimentaire en Moselle fut expérimentée sur le seul groupe témoin que je divisai en deux lots de vingt-cinq familles. Le but était de réduire le rapport P/S de 1,2 à 0,6-0,8, chiffre du Japon.

L'analyse statistique de la première étude avait démontré que, parmi les acides gras polyinsaturés, seul l'acide linolénique avait un effet bienfaisant sur les plaquettes. Afin de le vérifier, les deux groupes allaient suivre un régime diététique semblable, exception faite de la margarine et de l'huile (Renaud, Godsey et coll., 1986). Le premier groupe tiré au sort consommerait de l'huile et de la margarine de tournesol riches en acide linoléique, le second, de l'huile et de la margarine de colza qui ont un contenu important en acides oléique et linolénique mais faible en acide linoléique.

La margarine de colza était une margarine expérimentale, fabriquée par Astra-Calvé, selon mes exigences. Je souhaitais une margarine aussi pauvre que possible en acides gras saturés et trans, riche en acide oléique (48 %) et ayant un niveau d'acides linoléique (16 %) et linolénique (5 %) identique à celui du colza. L'étude durerait un an. Les résultats furent, cette fois, beaucoup plus encourageants.

On obtenait un rapport P/S de 0,81 dans le « groupe tournesol » et de 0,57 dans le « groupe colza ». La consommation d'acides gras saturés était passée de 15,4 % à 11,4 % des calories dans le premier et de 14,4 % à 10,1 % dans le second, réduction respective de 26 et 30 %. Nous avions réussi cette fois à faire baisser tous les tests plaquettaires au niveau de ceux du Var. Dans le groupe colza, la quantité de polyinsaturés, linoléique et linolénique, était à peu près semblable à celle du Var (5,8 % contre 6,3 %) et la consommation

d'acides gras saturés était même en deçà (10,1 % contre
11,2 %). Ce dernier résultat provenait de l'utilisation du colza
riche, comme l'huile d'olive, en acide oléique mais pauvre en
acides gras saturés et en polyinsaturés. L'effet sur la coagulation des plaquettes et leur agrégation à la thrombine était
également plus net dans le groupe colza. Mais du tournesol
ou du colza, quel corps gras devait-on préférer ? La réponse
ne peut être donnée avec certitude qu'après une étude précise
des éléments qui interviennent dans la composition de ces
deux huiles et du rôle primordial qu'y jouent les deux acides
gras polyinsaturés essentiels.

Les acides gras linolénique et linoléique

L'étude de seize groupes d'agriculteurs a été menée
entre 1977 et 1980 en France et en Grande-Bretagne avec la
même méthode. Elle comprenait au total trois cent quatre-
vingt-seize hommes dont on évaluait les habitudes alimentaires par la pesée des aliments consommés et l'analyse
chimique. Analysée par le même laboratoire, la nourriture
broyée et congelée constitue, en effet, la source la plus précise de renseignements sur les nutriments consommés.

Aucun des sujets n'avait modifié ses habitudes alimentaires dans l'année qui avait précédé l'analyse. Les résultats
tiennent compte de l'ensemble des facteurs alimentaires et
du tabagisme. Seuls sont retenus les coefficients significatifs
du point de vue statistique.

Plus la valeur des coefficients est élevée, plus la relation
entre le test et le nutriment est étroite. Ainsi, le
F3-CT ou temps de coagulation des plaquettes n'est relié
qu'à deux nutriments. Plus la consommation d'acides gras
saturés (coefficient de +0,30) est élevée, plus le test F3-CT
indique un effet néfaste. L'autre nutriment qui intervient
pour ce test est le 18:3 ou acide linolénique mais il intervient

de façon négative (-0,31). L'acide linolénique diminue donc aussi fortement l'activité coagulante des plaquettes que les acides gras saturés ne l'augmentent. En revanche, l'acide linolénique inhibe beaucoup plus puissamment l'agrégation à la thrombine que les acides gras saturés ne la favorisent.

Le calcium diminue également l'effet potentiateur des acides gras saturés sur la réponse à la thrombine. Cet effet a été confirmé par nos études sur le rat et le lapin (Renaud et coll., 1983). On a d'ailleurs observé dans de nombreux pays que là où l'eau est dure et donc riche en calcium, la mortalité coronarienne est beaucoup plus faible que dans les régions à eaux douces (Comstock, 1980 ; Masironi, 1979). Nos propres études démontraient que la protection des eaux dures passait, au moins partiellement, par les plaquettes sanguines. Il faut donc choisir de préférence des eaux minérales riches en calcium et ne pas utiliser d'eau adoucie pour la cuisine et la boisson.

Pour ce qui est de l'agrégation à l'ADP, seul l'apport en 18:2 ou acide linoléique lui est positivement relié. Autrement dit, c'est principalement l'acide linoléique qui est responsable de l'augmentation de la réponse des plaquettes à l'agrégation à l'ADP. Nous avons prouvé ailleurs que les acides gras saturés contribuaient également à augmenter la réponse de ce test (Renaud, 1990). Mais pour l'ensemble des agriculteurs étudiés, l'acide linoléique demeure le facteur le plus important. L'agrégation à l'ADP est en revanche inhibée par le 18:1 ou acide oléique et par l'alcool.

Quant au cholestérol total, il n'est relié d'aucune façon significative à la consommation d'acides gras saturés. En revanche, le cholestérol est très significativement relié à la consommation d'acide linoléique et de calcium. Enfin, le cholestérol-HDL est augmenté (relation positive) par l'acide linoléique et par l'alcool.

Au total, les acides gras saturés sont plus étroitement reliés à l'activité coagulante des plaquettes et à leur réponse à la thrombine qu'au niveau du cholestérol. L'acide lino-léique est associé à la baisse du cholestérol total mais à l'augmentation de la réponse des plaquettes à l'ADP. Avec le calcium et l'alcool, seuls les acides linolénique et oléique paraissent inhiber la réactivité des plaquettes.

Si l'on attache aux plaquettes un rôle plus important qu'au cholestérol, il faut alors privilégier les acides linolénique et oléique. On favorisera le linolénique pour son effet inhibiteur sur la coagulation et l'agrégation à la thrombine, l'acide oléique pour son léger effet inhibiteur sur l'agrégation à l'ADP. De plus, ni l'un ni l'autre de ces acides gras ne présentent d'effet néfaste sur les autres tests biologiques. Pour maintenir les tests plaquettaires et la lipémie au plus bas, il faut veiller à l'équilibre entre linoléique et linolénique, tout en faisant baisser les acides gras saturés.

L'équilibre du linolénique et du linoléique doit encore être précisé. On a postulé que, dans le lait de la mère, le rapport idéal linolénique/linoléique devait être de 1/5 pour permettre le développement optimal du nouveau-né. Qu'en est-il chez l'adulte ? On sait que ces acides gras dans l'organisme sont essentiels à la synthèse d'acides gras plus complexes tels l'acide arachidonique pour l'acide linoléique et l'acide eicosapentaenoïque (EPA) pour l'acide linolénique. Nos études en Moselle nous ont montré que, lorsque l'apport d'acide linoléique est de 9 % des calories (apport suggéré par l'American Heart Association), l'acide linolénique n'est pas transformé en EPA : les deux acides gras entrent en compétition pour les mêmes systèmes enzymatiques.

Dans notre seconde étude en Moselle, l'apport en linoléique avait été réduit à 4,8 % des calories : le rapport linolénique/linoléique était alors de 1/5 et l'on pouvait observer une augmentation du niveau d'EPA. Ces résultats viennent d'être confirmés par Emken (1994) aux États-Unis : seul un apport en acide linoléique inférieur à 5 % des calories permet une synthèse normale des acides gras appartenant à la famille de l'acide linolénique. En Crète, où l'espérance de vie est la plus longue, le niveau d'acide linoléique est d'ailleurs inférieur à 3 % des calories.

Il semble donc que l'on doive renoncer aux recommandations antérieures préconisant un apport total en acides gras polyinsaturés de l'ordre de 10 %. Une réduction à moins de 5 % des calories pourrait être nécessaire. De plus, il faudrait ramener le rapport linolénique/linoléique fréquemment de l'ordre de 1/30, à 1/5. C'est celui préconisé pour le lait de femme (Budoski, 1985 ; Comité de nutrition, Société française de pédiatrie, 1988). L'étude de Caerphilly menée en collaboration avec l'Unité d'épidémiologie dirigée par Peter Elwood à Cardiff a justement cherché à déterminer jusqu'à quel point les tests d'agrégation plaquettaire étaient reliés à la présence d'une maladie coronarienne. Je fus surpris d'observer que, parmi les tests évalués, celui qui était le plus étroitement associé à la présence d'un infarctus chez les sujets examinés était celui d'agrégation à l'ADP (P. Elwood, Renaud et coll, 1991).

Parce qu'il était moins bien relié à la consommation d'acides gras saturés, j'avais longtemps considéré le test de l'agrégation à l'ADP comme un test mineur. Le résultat de Caerphilly m'obligeait à reconsidérer mon point de vue. Je pouvais désormais m'expliquer l'absence d'effet protecteur des régimes alimentaires riches en acide linoléique. S'ils diminuent bien le cholestérol, ils augmentent en revanche la réponse des plaquettes à l'ADP et prédisposent donc à l'infarctus.

Le choix du colza peut maintenant être expliqué. Les études sur les agriculteurs ont montré que seuls les acides gras linolénique et oléique ont un effet protecteur sur les plaquettes sanguines. L'acide linoléique favorise à forte dose l'agrégation à l'ADP et à l'adrénaline, en même temps qu'il agit sur la sensibilité des lipoprotéines à la peroxydation. De plus, un apport en acide linoléique supérieur à 5 % des calories inhibe la formation des dérivés de l'acide linolénique nécessaires à la santé. Un rapport acide linolénique/acide linoléique de l'ordre de 1/5 paraît souhaitable.

On pourrait penser que l'augmentation de la réponse des plaquettes à l'agrégation par l'ADP n'a pas d'incidence sur la crise cardiaque. Nos études de Caerphilly ont au contraire montré que l'agrégation à l'ADP est le test le plus étroitement associé à l'infarctus du myocarde. De plus, l'aspirine, connue aujourd'hui pour son rôle remarquable dans la prévention de l'infarctus, agit principalement en inhibant l'agrégation à l'ADP et à l'adrénaline. La réponse des plaquettes sanguines à l'ADP et à l'adrénaline semble bien jouer un rôle de premier plan dans l'accident coronarien.

Les deux populations qui ont la meilleure espérance de vie au monde, les Crétois et les Japonais, consomment une quantité importante d'acide linolénique comme le démontre l'analyse des acides gras de leur plasma. En Crète, l'acide linolénique provient de l'abondante utilisation d'huile d'olive et de légumes, notamment de pourpier et, aussi, d'escargots. Au Japon, il est fourni par les huiles de colza et de soja. À n'en pas douter, c'est le colza qui doit être préféré au tournesol.

10

Le régime crétois
accommodé à la lyonnaise

Les études d'intervention par le régime n'avaient jusqu'alors jamais pris modèle sur une population déterminée lorsqu'elles envisageaient de modifier les habitudes alimentaires des patients coronariens. Partant du principe que les graisses saturées qui agissent en élevant le niveau du cholestérol constituaient le facteur principal de l'accident coronarien, le régime était simple. Il fallait exclure le plus possible les graisses saturées et les remplacer par une huile et une margarine riches en acide linoléique, seul acide gras réellement capable de faire baisser le cholestérol. On ne se préoccupait en aucune façon de savoir si de tels régimes étaient suivis par des populations. On ne connaissait ni leur effet sur l'espérance de vie ni la qualité gustative des mets proposés.

Il paraît bien difficile, et on le conçoit aisément, de suivre un régime draconien et insipide lorsque les boutiques et les supermarchés abondent en mets appétissants et que les cuisines des restaurants débordent d'odeurs alléchantes. L'un des grands avantages de la cuisine méditerranéenne, c'est d'être riche en saveurs que peu de gens n'apprécient pas. Si la diète méditerranéenne protège la santé, si la diète crétoise est responsable de la meilleure espérance de vie dans le monde occidental, il convient de faire connaître ces résultats au plus vite, avant que les MacDonald et autres *fast food* n'aient envahi le bassin méditerranéen. Si le régime crétois renferme des secrets probablement vieux de trente-cinq siècles, il est grand temps de les dévoiler avant qu'ils n'aient disparu à jamais. Si l'on veut vraiment démontrer le rôle du régime crétois dans la prévention cardio-vasculaire et la mortalité toutes causes confondues, il faut alors faire la preuve par l'essai. Autrement, on pourra toujours contester son exceptionnelle protection. On pourra toujours invoquer le climat privilégié, l'absence de stress et de pollution, la sieste de l'après-midi pour expliquer la remarquable santé d'une population dont le régime alimentaire très riche en lipides (39 % des calories) est de surcroît associé à un cholestérol relativement élevé.

On doit alors réaliser ce qu'on appelle une étude randomisée d'intervention. On intervient sur l'un des deux groupes dont on modifie les habitudes alimentaires afin de les rendre comparables à celles des Crétois. L'étude d'intervention nécessaire pour cette démonstration doit comprendre un nombre suffisant de sujets, éventuellement originaires de la même région, que l'on répartit en deux groupes par randomisation, c'est-à-dire par tirage au sort. Cette façon de procéder permet d'avoir l'assurance que les deux groupes seront tout à fait identiques, exception faite de leur alimentation. Les sujets des deux groupes reçoivent au besoin les mêmes traitements médicaux et sont examinés régulièrement. Le but des visites répétées est de vérifier que le groupe expérimental continue de suivre les habitudes alimentaires prescrites et, éventuellement, de l'y encourager. Les mêmes visites des témoins permettent de connaître par questionnaire les habitudes alimentaires, les traitements médicaux suivis ainsi que les valeurs des tests sanguins pratiqués de la même façon que dans le groupe expérimental. On s'assure ainsi que seules les habitudes alimentaires différencient le groupe expérimental du groupe témoin. De ce fait, si la mortalité ou l'apparition d'événements cardio-vasculaires dans le groupe expérimental est nettement inférieure à celle du groupe témoin, on peut affirmer sans hésitation que la protection est essentiellement liée aux différences alimentaires. Est ainsi exclue l'influence d'autres facteurs souvent invoqués dans ces maladies tels le stress, l'hérédité, la pollution et les autres facteurs d'environnement.

L'étude de prévention secondaire à Lyon

Dès 1986, je m'étais décidé pour une étude de prévention secondaire.

Les études de ce type n'avaient pas eu jusqu'à présent le succès escompté. Mais les régimes d'alors étaient totalement artificiels : on ne les trouvait pratiqués dans aucun pays. On ne pouvait donc connaître ni l'espérance de vie qui leur était associée ni les problèmes qu'ils pouvaient éventuellement entraîner. Riches en acides gras polyinsaturés, ils avaient d'ailleurs donné des résultats encore plus décevants en prévention primaire. En outre, les patients ayant souffert d'un premier infarctus ne suivaient que très rarement un régime calqué sur les habitudes alimentaires crétoises. Même dans les pays méditerranéens, les cardiologues prescrivent d'ordinaire après un premier infarctus le régime prudent de l'American Heart Association. Et si le régime crétois prévient efficacement les récidives, on conçoit aisément qu'une telle alimentation se révèle au moins aussi efficace pour prévenir un premier infarctus. D'ailleurs, les habitudes alimentaires reprises ne sont-elles pas empruntées à une région où la mortalité coronarienne est la plus faible au monde ?

Je me proposais, en modifiant les habitudes alimentaires, de réduire de 50 % la fréquence des récidives des principaux événements cardio-vasculaires après un premier infarctus. On comparerait le nouveau régime alimentaire, modelé sur celui des Crétois, et le régime prudent prescrit par les cardiologues après un premier infarctus. Ce régime prudent, défini par l'American Heart Association, doit en principe diminuer les risques de récidive, mais cette démonstration n'a jamais été clairement établie. Il perturbe pourtant profondément la vie de nombreuses familles. On allait donc enfin voir s'il méritait d'être suivi à la lettre.

Lors de la première réunion du comité scientifique de l'étude, je fis part de mon hypothèse de travail qui reposait principalement sur l'observation de la mortalité en Crète et sur mes propres études antérieures. La salle partit alors d'un grand éclat de rire ! Et j'ajoutai : « Même si les résultats sont hautement significatifs, je considérerai avoir échoué si la protection demeure inférieure à 50 %. » J'étais bien convaincu qu'il existait des habitudes alimentaires beaucoup plus efficaces pour prévenir un infarctus que celles quotidiennement préconisées par les cardiologues et les diététiciennes qui suivent les recommandations de l'American Heart Association.

Ont été retenus des hommes et femmes de moins de soixante-dix ans ayant eu un premier infarctus moins de six mois avant leur sélection. La très grande majorité des patients a été recrutée dans les deux ou trois semaines qui ont suivi l'infarctus, dans l'un des services de cardiologie de l'hôpital cardio-vasculaire Louis-Pradel de Lyon.

On avait au départ défini plusieurs critères stricts d'exclusion comme une hypercholestérolémie supérieure à 3,5 g par litre, une hypertension non contrôlée, la participation à un essai de traitement médicamenteux ou encore des conditions de vie empêchant de bien suivre le régime prescrit. En fait, n'ont été exclus que les patients ne pouvant être soumis, dans les trois à quatre semaines suivant leur infarctus, à ce que l'on appelle l'épreuve d'effort sur bicyclette.

Le cardiologue demandait ensuite au patient retenu son accord écrit pour participer pendant cinq ans à l'étude. Le suivi comporterait une visite annuelle – en fait deux la première année à deux mois d'intervalle – à la clinique externe de l'unité INSERM 63. On réaliserait alors une prise de sang, on évaluerait différents paramètres biologiques, biochimiques et cliniques, on pratiquerait un électrocardiogramme. Enfin, on questionnerait précisément le patient sur l'évolution de sa maladie et sur le traitement suivi. Tout au long de l'étude, ces renseignements sont demeurés, et demeurent encore, strictement confidentiels, chaque patient étant identifié par un numéro.

C'est en moyenne six semaines après leur infarctus que les patients venaient à leur premier rendez-vous. Ils étaient alors affectés par tirage au sort à l'un des groupes. Le groupe témoin suivait le régime prudent, le groupe expérimental le régime crétois. Les patients du groupe expérimental étaient informés du but de l'étude et de ses modalités. On évoquait l'espérance de vie des Crétois et leur protection contre la maladie coronarienne. Aucun de ces patients n'a refusé de suivre les conseils donnés par la diététicienne. Tous ont accepté par écrit de modifier leurs habitudes alimentaires. Les patients du groupe témoin restaient à l'unité aussi longtemps mais ne recevaient aucun conseil diététique. On ne les questionnait pas sur leurs habitudes alimentaires afin d'éviter toute contamination. Les témoins continuaient de respecter les recommandations alimentaires prescrites par les cardiologues et les diététiciennes de l'hôpital. Ils suivaient le plus souvent le régime prudent de l'American Heart Association. Le cardiologue insistait sur les autres aspects que comporte la prévention du risque coronarien. Il évoquait les dangers du tabagisme et du stress, les bienfaits d'une activité physique et recommandait l'observation des prescriptions médicales. En revanche, le groupe témoin suivait les mêmes examens médicaux (évaluation de la pression artérielle, électrocardiogramme, prise de sang) que le groupe expérimental, avec les mêmes évaluations biologiques. Pour éviter tout contact entre les deux groupes – risque additionnel de contamination par les conversations dans les salles d'attente –, on essayait dans la mesure du possible de ne pas voir le même jour des patients de groupe différent. On avait aussi explicitement demandé aux médecins traitants qui pouvaient avoir dans leur clientèle des patients des deux groupes et étaient, de ce fait, informés de l'existence de l'étude de ne pas faire profiter le groupe témoin des informations obtenues auprès du groupe expérimental.

En Crète, où il n'y a pas d'élevage bovin, les populations rurales des années soixante-soixante-dix ne consommaient ni beurre ni crème. Le seul corps gras utilisé pour la cuisine, l'assaisonnement, ou même sur le pain avec le café du matin, était l'huile d'olive. Il me paraissait impossible d'imposer une telle pratique à nos patients coronariens. Il fallait donc faire fabriquer une margarine qui, tout en rappelant le goût du beurre, aurait une composition très proche de l'huile d'olive. Or, parmi les graisses ou les huiles utilisées dans l'alimentation, seule l'huile de colza présente une composition en acides gras proche de celle de l'huile d'olive.

L'huile de colza, qui contient encore moins d'acides gras saturés que l'huile d'olive, est aussi beaucoup plus riche en acide linolénique (18:3). Or les études de Moselle ont montré que, parmi les acides gras, seul l'acide linolénique inhibait l'agrégation plaquettaire. Connaissant le rôle des plaquettes dans l'infarctus, il nous semblait indispensable d'augmenter l'apport de cet acide gras.

Or un chercheur hollandais, le Dr Martin Katan, qui avait étudié avec son groupe la composition du plasma des Crétois et des Hollandais de Zutphen, avait découvert que les Crétois avaient un niveau d'acide linolénique trois fois plus élevé que celui des Hollandais (Sandker et collaborateurs, 1993). L'apport important en acide gras linolénique ne pouvait donc être, chez les Crétois, fourni par la seule huile d'olive. Un autre chercheur, Mme Artemis Simopoulos (1992), avait déjà montré que le pourpier, plante consommée par les Grecs et les Crétois sous forme de salade ou même de légume dans le potage, était très riche en acide linolénique. Les poules qui consomment cette plante pondent même des œufs riches en acide linolénique ! En plus du pourpier, nombre de légumes et de fruits, comme les épinards, les choux et les noix, contiennent aussi cet acide gras, tout comme les escargots crétois.

Répartition des acides gras totaux dans les huiles et les graisses habituellement utilisées.

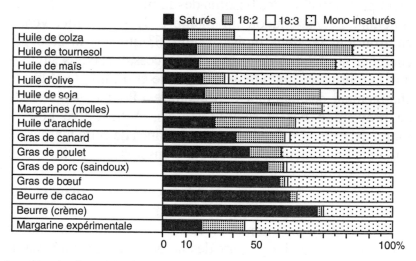

La graisse la plus proche de l'huile d'olive par sa composition en acides gras est la margarine expérimentale que nous avons utilisée dans l'étude pour le groupe expérimental.

Il fallait donc fournir une margarine de composition voisine de celle de l'huile d'olive mais enrichie en acide linolénique afin d'apporter en quantité suffisante l'élément présent dans divers aliments consommés en Crète, dont le pourpier.

Le pourpier existe bien en France, il est vendu sur quelques marchés, mais sa consommation régulière ne peut, pour des raisons pratiques, être envisagée. En revanche, l'utilisation d'huile et de margarine de colza apportait une quantité d'acide linolénique suffisante tout en fournissant l'apport important en acide oléique procurée en Crète par l'huile d'olive. En d'autres termes, la margarine de colza remplaçait à elle seule les éléments fournis conjointement par l'huile d'olive, le pourpier, les nombreux légumes et les escargots consommés par les Crétois.

Cette margarine de colza, qui n'est pas encore disponible commercialement, a été fabriquée dès 1979 pour notre étude en Moselle. Légèrement améliorée en 1988 pour notre étude de prévention secondaire, elle a été fournie gratuitement pour satisfaire les besoins des familles du groupe expérimental. Le patient, ou un membre de sa famille, venait environ tous les deux mois à l'unité 63 qui servait de dépôt chercher la quantité de margarine nécessaire. Nous savions que la fourniture gratuite de margarine et d'huile facilitait le changement des habitudes alimentaires. Pour la seule étude de prévention par le régime crétois, Astra-Calvé nous a fourni gratuitement environ quinze tonnes de cette margarine qui a été unaniment appréciée par l'ensemble des patients et de leurs familles.

On a récemment montré que les accidents cardiaques aux États-Unis étaient reliés à la consommation de margarine (Willett, 1993), notamment en raison de son fort contenu en acides gras *trans*. La plupart des acides gras insaturés naturels n'ont pas cette structure trans décrite dans l'excellent livre de mon ami Jean-Marie Bourre, *Les Bonnes Graisses*,

(1991). La structure trans est bien présente en petite quantité dans des substances naturelles comme les produits laitiers. Mais c'est surtout lors de la fabrication des produits commerciaux, au cours du processus d'hydrogénation qui rend les huiles solides, que se forment ces acides gras trans. Comme on sait qu'ils sont moins néfastes que les acides gras saturés tout en restant solides à température ambiante – ce qui permet leur utilisation sur les tartines de pain –, on en a conservé jusqu'à présent une petite quantité dans certaines margarines françaises. Ce sont les acides gras trans dérivés de l'acide oléique qui sont le moins nuisibles pour la santé. Une étude récente faite en Écosse vient même de démontrer que l'acide oléique trans protégeait davantage de la mort soudaine consécutive à une crise cardiaque qu'elle ne prédisposait aux accidents coronariens (Roberts et coll, 1995). Dans notre étude, compte tenu de l'exceptionnelle protection obtenue contre la crise cardiaque et la mort soudaine, les acides gras trans présents dans la margarine utilisée n'ont certainement eu aucun effet néfaste sur la santé des patients qui en consommaient. La margarine fabriquée ne contenait d'ailleurs que 6 à 7 % d'acides gras trans, tous dérivés de l'acide oléique.

Au Canada ou aux États-Unis, on peut certes trouver des margarines à base d'huile de colza. Cela ne signifie pas que leur composition chimique soit identique à celle que nous avons utilisée dans l'étude décrite ici. L'une de ces margarines, analysée par notre laboratoire, contenait une quantité d'acide gras trans dérivés de l'acide oléique de 18 % (au lieu de 6 % chez nous) ! De plus, il ne restait que 2 % d'acide gras linolénique naturel contre 5 % dans la nôtre et seulement 6 % de linoléique contre 16 %. Tout le reste avait été transformé en acides gras saturés ou trans.

Ainsi, selon le procédé de fabrication, on peut obtenir une margarine qui contienne la même quantité d'acides gras saturés que l'huile d'olive (environ 10 %) ou une margarine qui en contienne 60 %, comme le beurre. L'avantage de la margarine sur les produits naturels est que l'on peut, en principe, en établir exactement le goût et la composition.

Nos patients étaient par ailleurs encouragés à utiliser du lait écrémé, des fromages de chèvre et de brebis. Il était préférable de choisir des fromages et des yaourts faibles en matière grasse, d'ôter la graisse visible de la viande et de manger davantage de pain et de céréales, de légumes et de fruits. Si vous consommez davantage de céréales, de légumes et de fruits, base souhaitable de l'alimentation humaine, vous consommerez moins de viande et ne prendrez pas de poids. Un seul repas de viande ou de poisson par jour suffit. L'autre repas peut comporter du fromage ou d'autres aliments contenant des protéines animales comme les œufs sans dépasser alors trois ou quatre par semaine. Ce nombre tient compte de leur utilisation dans les préparations culinaires, en particulier dans les gâteaux. Deux repas par semaine au restaurant ou chez des amis n'ont pas d'influence sur la santé, surtout s'ils sont modérément arrosés de vin rouge. Ce qui compte, c'est l'alimentation de tous les jours, la convivialité et la joie de vivre qu'elle apporte.

Le suivi des patients était assuré par les visites sur convocation à la clinique externe de l'unité INSERM. Le but de la deuxième visite qui avait lieu huit semaines après la première était de vérifier les habitudes alimentaires du groupe expérimental et de persuader les patients de les conserver et de les améliorer au besoin.

La prise de sang effectuée chez les sujets des deux groupes permettait de préciser l'influence des habitudes alimentaires crétoises sur des facteurs comme le cholestérol, l'agrégation plaquettaire et, surtout, les acides gras du plasma. Cette analyse, indépendante des réponses aux questionnaires qui pouvaient ne pas refléter la vérité, visait à vérifier l'application avec laquelle les patients suivaient le régime prescrit.

Lors des visites ultérieures, les mêmes analyses ont été pratiquées dans le même but. C'est alors que l'on consignait les événements survenus depuis la dernière visite dans la santé des patients et, éventuellement, les hospitalisations.

Les événements de santé ont été classés et validés par le comité de validation qui a utilisé les dossiers hospitaliers sans connaître le groupe dans lequel se trouvaient les patients. Les résultats étaient transmis à Mme Nicole Mamelle et à M. Jean-Louis Martin, deux épidémiologistes qui établissaient l'étude statistique. Une fois analysés, ils étaient soumis au comité scientifique de l'étude. Lors de la réunion de mai 1991, les résultats paraissant exceptionnels, le comité décida de procéder à une nouvelle évaluation en 1993, après que les derniers patients recrutés eurent été suivis pendant un an. La nouvelle réunion du comité scientifique eut lieu en mars 1993. Le suivi moyen était alors de vingt-sept mois, les premiers sujets ayant été recrutés en 1988 et les derniers en 1992.

Régime crétois et maladie coronarienne

Comme le groupe expérimental, comparé au groupe témoin, présentait une baisse des événements cardio-vasculaires de 70 à 80 %, on prit très vite la décision de publier au plus tôt les résultats et d'arrêter immédiatement l'étude. Lorsqu'on observe, en plus d'une énorme différence dans les événements cardio-vasculaires recensés, vingt décès toutes causes confondues dans le groupe témoin et huit seulement dans le groupe expérimental, on ne peut continuer pour des raisons d'éthique l'étude prévue initialement pour cinq ans : le groupe témoin doit lui aussi pouvoir profiter des connaissances acquises. On ne peut continuer à ne rien lui dévoiler alors que l'on a, enfin, la preuve que quelques modifications alimentaires le protégeraient de façon exceptionnelle.

Dès l'arrêt de l'étude, on a convoqué les patients du groupe témoin pour leur expliquer les résultats obtenus et leur proposer d'adopter les habitudes alimentaires du groupe expérimental. La margarine qui était, à l'origine, offerte gratuitement aux familles du groupe expérimental est aujourd'hui également fournie au groupe témoin. Cela durera jusqu'à ce qu'elle puisse être disponible sur le marché. Nombre de patients souhaiteraient d'ailleurs aujourd'hui que cette margarine soit commercialisée. Aucun ne s'est plaint de son goût. Certains enfants y sont même tellement habitués qu'ils ne reviennent pas au beurre. Le goût est affaire d'éducation. Les familles nord-américaines refusent fréquemment de manger du poisson qu'elles n'apprécient pas alors qu'en France et au Japon il est considéré comme un mets délicieux.

Les résultats obtenus et publiés dans le *Lancet* du 11 juin 1994 sont résumés dans le tableau ci-contre (de Lorgeril, Renaud et coll.).

Alors qu'on observait seize décès d'origine cardiaque dont huit morts soudaines dans le groupe témoin qui suivait le régime prudent, on ne relevait que trois décès dans le groupe expérimental et aucune mort soudaine. Les trois patients décédés ne respectaient d'ailleurs pas, au moment de leur décès, les habitudes alimentaires prescrites. Hébergés dans des conditions qui ne leur permettaient pas de poursuivre l'étude, ils ne sont jamais, passé les deux premiers mois, revenus chercher la margarine. De plus, ils ne buvaient pas de vin. Mais comme nous avions prévu de les traiter, nous les avons inclus au nombre des décès du groupe expérimental.

Les infarctus non mortels étant au nombre de dix-sept dans le groupe témoin et de cinq seulement dans le groupe expérimental, la somme des événements cardio-vasculaires majeurs était de trente-trois dans le premier groupe et de huit dans le second. Après des calculs statistiques compliqués incluant nombre de variables pouvant expliquer partiellement cette différence de résultats, on a estimé que la réduc-

*Décès et récidives chez 302 expérimentaux et 303 témoins
standardisés pour l'âge, le sexe, le tabac,
le cholestérol sérique et la pression systolique.*
The Lyon Diet Heart Study.

	n	Exp/Tém	Réduction	P
Décès cardiaques	19	3/16	76%	0,02
+ Infarctus non mortels	41	8/33	73%	0,001
+ Angor instable + Insuff. card. + AVC + embolies	71	14/59	76%	0,0001
Décès toutes causes	28	8/20	70%	0,02

Insuff. card. pour insuffisance cardiaque ; AVC pour accident vasculaire cérébral.

tion du risque par adoption du régime crétois était, comparé au régime prudent, de 73 % et qu'il n'y avait qu'une chance sur mille que ce résultat ne soit pas exact.

La mortalité toutes causes confondues s'élevait à vingt dans le groupe témoin et à huit dans le groupe expérimental, ce qui représentait une réduction de 70 % avec une possibilité d'erreur de deux pour cent. Mentionnons ici que plusieurs patients du groupe expérimental, soit n'avaient jamais accepté de suivre le régime, soit étaient décédés d'un cancer peu de temps après le debut de l'étude. Ces cancers, découverts une fois le régime entamé, s'étaient déclarés antérieurement. Là encore, pour suivre les règles strictes de l'épidémiologie, nous en avons tenu compte pour le calcul des décès survenus dans le groupe expérimental.

D'autres événements cardio-vasculaires sont survenus et ont requis une hospitalisation. Il s'agit de l'angor instable qui, non traité, conduit généralement à l'infarctus, de la déficience cardiaque et des phénomènes thrombo-emboliques. Ces événements étaient bien moins nombreux dans le groupe expérimental : le nombre de patients ayant présenté l'ensemble de tous les problèmes cardio-vasculaires était de cinquante-neuf dans le groupe témoin mais de quatorze dans le groupe expérimental, chiffres indiquant une réduction de 76 % avec une possibilité d'erreur de 1 pour 10 000.

Rappelons que la protection observée est nécessairement due à la différence des habitudes alimentaires en raison du tirage au sort. De plus, c'est le même Comité d'experts qui a validé les événements des deux groupes à partir des données figurant dans le dossier des patients hospitalisés, dont ils ignoraient l'appartenance.

La figure ci-après fait apparaître le nombre de patients ayant souffert d'événements cardio-vasculaires dans les deux groupes.

On peut noter une très forte différence tout au long de l'étude entre les deux groupes (une chance sur dix mille d'erreur). Mais l'un des résultats les plus spectaculaires tient dans le fait que la protection observée dans le groupe exprimental débute dès les premiers mois de régime, plus précisément dès le deuxième mois, quels que soient les événements enregistrés. Un régime crétois adapté protège donc presque immédiatement, ce qui est contraire aux conceptions antérieures sur la protection liée au changement d'habitudes alimentaires. En effet, on estime généralement que la maladie des coronaires et les problèmes qui y sont associés sont principalement liés à l'athérosclérose qui résulte de l'élévation du cholestérol sanguin pendant trente à cinquante ans. On peut certes faire baisser le cholestérol en quelques semaines par des médicaments hypocholestérolémiants comme la colestyramine, le gemfibrozil ou la simvastatine. Mais comme ils n'agissent pas sur les plaquettes sanguines, la baisse du cholestérol qu'ils entraînent ne produit de diminution significative des événements coronariens qu'après un délai minimal de trois ou quatre ans. Bref, on ne pouvait donc imaginer qu'un médicament ou un régime puisse agir en quelques semaines.

Comparaison, entre les deux groupes, du nombre et du moment d'apparition des principaux événements cardio-vasculaires (décès cardiaques, infarctus non mortels, angors instables, déficiences cardiaques, accidents vasculaires cérébraux et embolies). Adapté de Renaud et de Lorgeril. Am J. Clin Nutr, Juin 1995.

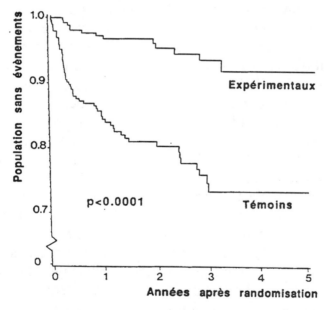

On constate que, dès la première année, le groupe témoin présente un nombre beaucoup plus important d'événements : le groupe expérimental est protégé dès les premiers mois.

Pour ceux, dont je suis, qui pensaient que la thrombose était un élément majeur de la maladie des coronaires, cette protection rapide était concevable. Les études sur l'animal et sur l'homme ont démontré que les habitudes alimentaires agissent sur l'athérosclérose mais aussi, plus rapidement, sur les plaquettes sanguines et les phénomènes thrombotiques. Avec un régime efficace pour prévenir les accidents coronariens comme celui de Leren (1966) ou de Hjermann (1986), l'effet protecteur apparaît dès la première année.

Le parallélisme avec l'effet de l'aspirine indique bien que le régime agit d'abord sur la thrombose. Toutes les études réalisées ont montré que l'aspirine réduisait d'environ 50 % les événements coronariens chez les patients présentant des signes avant-coureurs de la maladie (Fuster, 1989). Cet effet protecteur se manifeste dès les premières semaines qui suivent l'administration du médicament. Comment explique-t-on cette protection ? L'aspirine n'a aucun effet connu sur le cholestérol ou les lipoprotéines du sérum. En revanche, elle agit de façon spectaculaire sur l'agrégation plaquettaire à l'ADP et à l'adrénaline, comme le confirme l'étude menée sur les patients coronariens des deux groupes.

J'avais le premier montré que l'aspirine pouvait prévenir efficacement les thromboses expérimentales du rat (Renaud, Godu, 1970). En prévention primaire, l'aspirine prévient également l'infarctus du myocarde (Steering Committee, 1989), mais comme elle augmente les risques d'accidents cérébraux hémorragiques, elle n'a pas d'incidence sur la mortalité cardio-vasculaire ou totale. En cela, le régime crétois l'emporte sur l'utilisation de l'aspirine. Mais si elle vient en plus du régime, à faible dose, elle a un effet protecteur additionnel, diminuant de 36 % les événements coronariens dans le groupe témoin et de 50 % dans le groupe expérimental. D'autres études seront nécessaires pour déterminer si, après un premier infarctus, besoin est d'ajouter l'aspirine au régime crétois lorsqu'il est suivi à la lettre.

D'après la comparaison des départements du Var et de la Moselle et l'étude des modifications alimentaires en Moselle, je pouvais espérer que l'adaptation du régime crétois modifierait la réponse des plaquettes à l'agrégation. La consommation de graisses saturées avait baissé de 30 % dans le groupe expérimental, celle d'acide linolénique augmenté de 200 %. Je devais donc pouvoir constater une baisse notable de l'agrégation, au moins à la thrombine. Ce fut pour moi une très grande déception que de ne pas observer ces changements attendus chez tous les sujets. Seuls ceux n'ayant pas pris d'aspirine montraient une diminution de la réponse à la thrombine dans le groupe expérimental.

L'administration d'aspirine à la majorité des patients des deux groupes semblait donc bloquer l'effet du régime sur l'agrégation plaquettaire. En revanche, l'administration d'aspirine n'empêche pas l'effet protecteur du régime crétois sur la thrombose puisque les événements cardiaques, comparés aux chiffres du groupe témoin, ont diminué de 79 % avec prise d'aspirine, de 73 % sans aspirine.

Le rapide effet du régime sur les facteurs impliqués dans la thrombose n'a pu être clairement démontré dans notre étude. Nos études antérieures n'avaient pas montré de fortes différences dans l'agrégation plaquettaire des coronariens et des sujets en bonne santé (Renaud, Gautheron et coll, 1974). Mais il est possible que les tests d'agrégation plaquettaire, tels que nous les réalisons, ne soient, dans la maladie coronarienne, reliés aux principaux facteurs de risque ou de protection que chez des sujets sains. Le nombre de médicaments que prennent les patients interfère peut-être avec la réalisation des tests, sans diminuer la tendance à la thrombose. De fait, chez les sujets sains, nous prenons toujours grand soin de ne pratiquer ces tests qu'en l'absence de toute médication.

Huit morts soudaines dans le groupe témoin et aucune dans le groupe expérimental : le régime aurait-il, en même temps qu'il protège de la thrombose, un effet direct sur le rythme cardiaque ?

La mort soudaine est le résultat d'une fibrillation ventriculaire qui, au premier abord, semble bien éloignée des questions de régime alimentaire. Mais Hjermann, dans son étude de prévention primaire (1986), avait pourtant déjà noté une réduction des morts soudaines suite à la modification d'habitudes alimentaires. Il recommandait aux sujets du groupe expérimental de consommer davantage de légumes, de fruits et de poisson et moins de graisses saturées. Burr (1989) avait également rapporté une réduction des décès, notamment des morts soudaines, dans le groupe consommant davantage de poisson ou d'huile de poisson, sans que le nombre d'infarctus non mortels soit, lui, réduit. Son hypothèse était qu'une consommation plus importante de poisson pouvait protéger de la fibrillation ventriculaire, cause directe du décès. Ce n'est qu'au cours des dernières années qu'une série d'études faites sur l'animal, principalement celles du groupe australien d'Adelaïde, est venue démontrer que les acides gras EPA et DHA du poisson réduisaient de façon spectaculaire les arythmies et les fibrillations ventriculaires (McLennan, 1993).

Dans notre étude, ces acides gras ne peuvent expliquer la protection contre la mort soudaine puisque les deux groupes ont consommé des quantités égales de poisson. En revanche, le groupe expérimental consommait une quantité beaucoup plus importante d'acide linolénique, précurseur des acides gras que contient le poisson mais dont l'homme fait la synthèse à partir de l'acide linolénique. Cette hypothèse a été confirmée par un groupe australien qui a montré que l'acide linolénique était plus efficace que les acides gras à plus longue chaîne provenant des poissons pour inhiber la fibrillation ventriculaire expérimentale chez le rat (Siebert et coll, 1993). Ce même groupe a en outre tout récemment démontré que l'huile de colza était parmi les huiles alimentaires la plus efficace pour prévenir ce phénomène de fibrillation. Il est donc possible que la prévention de la mort soudaine dans le groupe expérimental soit due à la consommation plus importante d'acide linolénique fourni par la margarine et l'huile de colza.

La maladie coronarienne, le cancer, le vieillissement ont été associés à une augmentation de l'oxydation des acides gras polyinsaturés, composants essentiels des membranes cellulaires. Or il existe, pour protéger ces membranes, plusieurs systèmes de défense dont le dernier est principalement assuré par les deux vitamines C et E.

Des études antérieures avaient déjà permis d'établir une relation entre les vitamines E et C et les problèmes cardiaques. Dans les trente-sept centres du Projet MONICA, ni le cholestérol sanguin ni le tabagisme n'expliquaient la différence d'accidents coronariens. En revanche, sur un échantillon de populations provenant de seize de ces centres, le Pr Fred Gey et ses collaborateurs (1991) ont montré que le niveau de vitamine C, mais surtout de vitamine E, était de manière significative inversement relié à la mortalité coronarienne. Ces résultats suggéraient l'effet protecteur de ces vitamines antioxydantes et le rôle néfaste des peroxydes lipidiques. Ils ont été confirmés récemment par deux études prospectives du département de nutrition du Harvard School of Public Health. Les sujets masculins (Rimm et coll., 1993) et les sujets féminins (Stampfer et coll., 1993) qui prenaient des suppléments de vitamine E étaient remarquablement protégés contre la mortalité cardiaque.

La détermination dans le sang du taux de ces vitamines permet d'évaluer indirectement le niveau d'oxydation lipidique d'un organisme et la formation des peroxydes lipidiques. Nous avons montré que ces peroxydes lipidiques augmentaient considérablement la réponse des plaquettes à l'agrégation (Ciavatti et coll., 1989). Connaissant le rôle des plaquettes sanguines dans la maladie coronarienne, nous avons voulu déterminer si le régime crétois réduisait la formation de ces peroxydes en évaluant le niveau de vitamines C et E du plasma de nos patients.

Les patients du groupe expérimental qui consommaient une plus grande quantité de fruits que les témoins avaient un apport plus élevé en vitamine C. S'ils consommaient moins de vitamine E, le taux dans le plasma était pourtant plus élevé. Nous livrant à des calculs statistiques, nous avons déterminé que ce niveau élevé de vitamine E chez les patients du régime crétois était dû partiellement à l'apport élevé en vitamine C, bien connue pour protéger par son action anti-oxydante la vitamine E. Mais l'effet protecteur le plus important et le plus surprenant est venu du vin. Le niveau de vitamine E était directement et significativement relié à la consommation de vin rouge dans le groupe témoin comme dans le groupe expérimental. L'effet antioxydant des tannins contenus dans le vin vient d'être clairement démontré par plusieurs études (Ruf et coll., 1995 ; Frankel et coll., 1993 ; Maxwell et al., 1994).

Si la peroxydation lipidique, de même qu'elle augmente la réactivité des plaquettes sanguines chez l'animal (Ciavatti et coll., 1989), prédispose à la thrombose chez les patients coronariens, deux aliments du régime crétois ont alors un rôle protecteur : les fruits en grande quantité et le vin rouge à dose modérée.

Des leçons pour l'avenir

Une étude de prévention par modification des habitudes alimentaires ne peut se concevoir sans une évaluation précise et régulière du régime suivi par tous les sujets de l'étude. À cause des difficultés qu'elle présente, une telle évaluation n'a, me semble-t-il, jamais été faite auparavant. Peut-être n'a-t-elle été qu'omise dans les différentes publications.

P. Leren (1966) qui, le premier, a mené ce type d'études, n'avait pas jugé bon de préciser le rapport P/S des acides gras. Les résultats de son enquête alimentaire n'avaient été rapportés que pour vingt-cinq sujets qui, tous, suivaient le régime prescrit.

Hjermann, de son côté, n'avait pu décrire avec précision les habitudes alimentaires des groupe témoin et expérimental. Lors des premières publications, il proposait pour le groupe expérimental un rapport P/S de 1. Après réévaluation des résultats et à la suite de mon invitation à une réunion scientifique sur le thème Nutrition et maladie coronarienne, il optait finalement pour un rapport P/S de 0,7 (Hjermann, 1987).

Mais surtout, aucune des études antérieures ne rapportait la composition du plasma en acides gras. Une telle absence s'explique en partie par le fait qu'on lie généralement le rôle protecteur d'un régime à son effet sur le cholestérol, toujours regardé comme le marqueur du changement des habitudes alimentaires. On peut imaginer la déception des Australiens (Wodhill, 1978) lorsque leur groupe expérimental présenta une baisse du cholestérol sérique de 5 % mais une augmentation de la mortalité totale de 50 % ! C'est pourtant une telle analyse qui, seule, peut prouver de manière incontestable le changement d'habitudes alimentaires. Toutes les études d'intervention que j'ai dirigées, dans la Moselle ou à Lyon, comportaient l'évaluation par une diététicienne des habitudes alimentaires des patients avant le changement et régulièrement après le changement.

À Lyon, nous n'avons pas questionné les sujets du groupe témoin sur leurs habitudes alimentaires au cours des premières années de l'étude afin de ne pas les influencer. C'est seulement durant les six derniers mois que nous avons complété notre évaluation avec les informations obtenues auprès d'environ deux cents témoins suivis sur une période allant de un an à cinq ans. Il ne s'agissait pas de garder ces patients dans l'ignorance et de nuire à leur santé. Nous voulions simplement pouvoir comparer en toute certitude le régime crétois et le régime habituellement prescrit par les cardiologues et les diététiciennes des hôpitaux de Lyon.

Les patients du groupe expérimental, lors de leur première visite à notre clinique externe, avaient les mêmes habitudes alimentaires que les patients du groupe témoin. Ils n'avaient pas encore profité des conseils de la diététicienne. L'enquête diététique alors établie a servi de base. Elle nous a permis de vérifier l'importance des changements alimentaires intervenus dans le groupe expérimental après deux mois, douze mois, vingt-quatre mois et trente-six mois de régime (Renaud et de Lorgeril, 1995).

Le tableau ci-dessous rapporte les résultats de cette comparaison entre le groupe expérimental et le groupe témoin lors de l'enquête réalisée de juillet 1992 à mars 1993 sur quatre cents des six cents sujets.

Consommation des principaux aliments dans les deux groupes après une période allant de un an à quatre ans de régime.

Groupe	Pain	Légumes secs	Légumes verts	Fruits	Viande + charcuterie	Volaille	Fromage	Beurre + crème	Margarine	Huile	Poisson	Vin
Exper. (219)	167 ± 6	20 ± 4	316 ± 10	251 ± 12	47 ± 5	58 ± 5	32 ± 2	3 ± 1	19 ± 1	16 ± 1	47 ± 6	145 ± 6
Témoins (192)	145 ± 7	10 ± 3	288 ± 12	203 ± 12	74 ± 7	56 ± 6	35 ± 3	17 ± 2	5 ± 1	17 ± 1	40 ± 6	149 ± 7

Entre parenthèses figure le nombre de sujets ayant fait l'objet de l'enquête. Les résultats sont des moyennes ± **E.S.** exprimés en grammes par jour.

Pour une période de suivi allant de un an à quatre ans, on voit que le groupe expérimental, comparé au groupe témoin, consomme davantage de pain, de fruits et surtout de margarine qui désormais remplace complètement le beurre et la crème. Il consomme aussi légèrement plus de légumes secs et de légumes verts mais mange moins de viande et de charcuterie. En revanche, la consommation de poisson et de vin est à peu près égale dans les deux groupes.

Parce que tous les autres facteurs sont identiques dans les deux groupes du fait du tirage au sort, la réduction de plus de 70 % de tous les événements cardio-vasculaires observée dans le groupe expérimental ne peut s'expliquer que par la différence assez légère d'alimentation.

Telle est notre première conclusion : adopter des habitudes alimentaires saines ne veut pas dire suivre un régime draconien où l'on se prive. C'est accepter de manger comme nos grands-parents ou arrière-grands-parents le faisaient, notamment dans le midi de la France. Une alimentation parfaitement équilibrée peut satisfaire un gourmet. «Que la nutrition soit ta médecine», disait Hippocrate qui recommandait la consommation de pain, de légumes et de fruits, mais aussi de viande, de poisson et de fromage en alternance, le tout accompagné de vin en quantité modérée. Peut-être ce type d'alimentation correspond-il à un sens inné que possède l'être humain lorsqu'il accepte de se fier à son intuition ? C'est ce que deux jeunes femmes médecins m'ont confirmé récemment lorsque je leur décrivais ce que j'appelle les habitudes alimentaires de santé. Elles m'ont alors répondu : «Nous, les femmes, c'est l'idée que nous nous faisons intuitivement d'habitudes alimentaires saines.» C'est probablement l'une des raisons pour lesquelles les femmes ont une espérance de vie meilleure que les hommes, notamment en France et plus particulièrement dans le Sud-Ouest où elle est aujourd'hui la plus élevée au monde.

Examinons maintenant les nutriments contenus dans cette alimentation adaptée des Crétois mais si proche de celle de nos arrière-grands-parents du sud de la France.

Après une évaluation moyenne de un à quatre ans dans les deux groupes, on constate que le groupe expérimental a moins de lipides (30,5 contre 32,7 % pour le groupe témoin) et notamment d'acides gras saturés (8,3 contre 11,7). La consommation d'acide oléique et d'acide linolénique y est plus élevée, celle d'acide linoléique préconisée pour faire baisser le cholestérol, plus faible, et celle d'alcool, en particulier de vin, à peu près égale. Comme le groupe expérimental mangeait aussi moins de viande, de charcuterie et d'abats, l'apport en cholestérol était bien moins élevé, ce qui pourtant n'a pas entraîné une baisse importante du cholestérol sérique.

La composition du plasma en corps gras est venue confirmer la modification des habitudes alimentaires. Pour vérifier les informations de l'enquête, nous avons analysé la proportion des différents acides gras contenus dans le sang.

Cette technique nous a permis de confirmer que la quantité d'acide gras saturé stéarique ou 18:0 avait diminué de façon significative dans le groupe expérimental, tout comme celle d'acide linoléique ; les acides oléique et linolénique avaient, eux, augmenté de façon très importante. Ces éléments nous apportaient la preuve irréfutable que les différences indiquées par l'enquête dans la consommation des nutriments étaient bien réelles.

Nutriments après un régime de un an à quatre ans.

Groupe	Calories totales	Lip	Sat	18:1	18:2	18:3	20:5	Alco	P/S	Chol (mg)
					% calories					
Exper. (227)	1944 ± 33	30.6 ± 0.5	8.3 ± 0.2	12.9 ± 0.3	3.6 ± 0.1	0.83 ± 0.03	0.07 ± 0.07	5.5 ± 0.4	0.65 ± 0.02	217 ± 11
Témoins (218)	2152 ± 42	33.1 ± 0.6	11.8 ± 0.3	10.4 ± 0.3	5.4 ± 0.2	0.28 ± 0.02	0.07 ± 0.02	6.4 ± 0.5	0.69 ± 0.05	320 ± 14

Entre parenthèses est indiqué le nombre de sujets. Les résultats sont des moyennes ± E.S. Lip est mis pour lipides, Sat pour acides gras saturés ; 18:1 est l'acide oléique, 18:2, l'acide linoléique, 18:3, l'acide linolénique, 20:5, l'acide EPA ; Alco est mis pour alcool et Chol pour cholestérol.

L'analyse des acides gras du plasma a également montré d'autres modifications dans le plasma qui résultent indirectement de la façon de se nourrir. La consommation d'acide linoléique ayant diminué, l'acide arachidonique synthétisé à partir du linoléique est présent en moindre quantité. Or l'acide arachidonique a un rôle très important dans l'agrégation plaquettaire, car il permet la synthèse de substances extrêmement actives : les prostaglandines. De même, l'augmentation de l'acide linolénique, précurseur d'une seconde famille d'acides gras, a entraîné celle de l'EPA et du DHA synthétisés qui contrebalancent l'effet de l'acide arachidonique. Le respect de l'équilibre entre ces deux familles d'acides gras dans l'organisme pourrait être le principal facteur de la prévention de la thrombose, responsable de l'infarctus du myocarde.

Cette même analyse nous a également permis de confronter nos propres résultats à ceux obtenus par Sandker et ses collègues (1993). Comparés aux Hollandais de Zutphen, les Crétois ont un niveau d'acides oléique et linolénique beaucoup plus élevé. C'est très exactement ce que nous avons observé lorsque nous avons comparé le groupe expérimental et le groupe témoin dans notre étude de prévention. La nourriture du groupe expérimental respectait donc l'équilibre en graisses et en acides gras des Crétois. Tel était d'ailleurs notre objectif.

Il est en revanche une ressemblance beaucoup plus inattendue. On a longtemps expliqué la longévité des Japonais par leur consommation de poisson qui est pourtant à peine plus élevée que celle des Danois. Lorsqu'on examine chez les Japonais de l'île de Kohama, qui ont la plus faible mortalité coronarienne du pays (Kagawa et coll. 1982), la composition en acides gras de leur plasma, on se rend compte qu'elle est très semblable, presque identique, à celle de notre groupe expérimental et qu'elle diffère considérablement de celle du groupe témoin. Cela signifie que les Japonais consomment une quantité importante d'acide linolénique. Or ce n'est pas le poisson qui apporte cet acide gras mais l'huile de colza et l'huile de soja avec lesquelles ils cuisinent. Ces deux corps gras représentent, respectivement, 36 % et 35 % des huiles consommées.

Dans l'ensemble, les corps gras utilisés par les Japonais contiennent donc entre 5 et 10 % d'acide linolénique. Les deux populations connues pour avoir la meilleure espérance de vie et la plus faible mortalité coronarienne et cardio-vasculaire au monde, les Crétois et les Japonais, ont ainsi chacune une nourriture riche en acide linolénique.

Part des acides gras dans les lipides totaux contenus dans le plasma des Japonais de l'île de Kohama et des coronariens de l'étude de Lyon.

Acides gras	Oléique	Linoléique	Linolénique	EPA	Arachidonique
Japonais	21.5	26.9	0.8	1.4	6.5
Lyon : groupe expérimental	21.6 ± 0.4	27.4 ± 0.5	0.7 ± 0.0	1.0 ±0.1	6.5 ±0.1
Lyon : groupe témoin	19.6 ± 0.3	29.1 ± 0.5	0.4 ± 0.0	0.7 ± 0.1	7.0 ± 0.1

Résultats = Moyennes ± E.S. (erreur standard).

Dans notre étude d'intervention, nous avons fourni à nos patients de l'huile et de la margarine de colza qui ont apporté une quantité d'acide linolénique comparable à celle des Crétois et des Japonais. Connaissant l'espérance de vie et la protection contre la maladie coronarienne en Crète et au Japon, on est moins surpris que notre groupe expérimental, dont la composition du plasma est semblable à celle de ces deux populations, ait pu bénéficier de la protection extraordinaire que nous avons observée.

À ma connaissance tout au moins, aucun essai antérieur de prévention n'avait utilisé l'analyse des acides gras comme marqueur du changement d'habitudes alimentaires. Modifier l'alimentation lipidique, c'est-à-dire le type d'acides gras absorbés, a pour premier effet la modification de la composition des acides gras présents dans le sang. Ces changements sont modestes car l'organisme assure la biosynthèse de nombre d'acides gras lorsqu'ils ne sont pas fournis en quantité suffisante par l'alimentation. Mais les acides linoléique et linolénique ne peuvent être synthétisés par l'organisme humain et dépendent totalement de leur apport par l'alimentation. Voilà ce qui rend l'examen de la composition du plasma irremplaçable.

Plutôt que de se fier à la seule baisse du cholestérol ou même des lipoprotéines, marqueurs tout à fait insuffisants du risque de maladie coronarienne, l'analyse des acides gras du plasma devra dorénavant constituer le marqueur principal du changement requis. Car c'est grâce à cette analyse que l'on peut être sûr que l'objectif est atteint.

Les bienfaits du colza

C'est probablement à l'utilisation du colza plutôt que du soja que nous devons les résultats spectaculaires que nous avons obtenus dans notre étude. Il est, comme l'huile d'olive, riche en acide oléique, seul acide gras neutre qui puisse être consommé en grande quantité sans danger pour la santé. Il contient autant d'acide linolénique que le soja mais le double d'acide linolénique en position 2. Il est beaucoup moins riche en acide linoléique qui augmente la réponse des plaquettes à l'agrégation et pourrait, en raison de sa facile oxydation dans les lipoprotéines, être partiellement responsable de l'athérosclérose.

On connaît l'huile de colza depuis longtemps. Elle est mentionnée pour la première fois en Inde, dans les textes sanskrits du deuxième millénaire avant Jésus-Christ (Appelqvist, 1972). C'est probablement en Chine que l'on commença à cultiver cette plante pour en extraire l'huile. La littérature japonaise rapporte que le colza a été introduit dans la péninsule il y a deux mille ans après avoir transité par la Chine et la Corée. Les Japonais, qui sont aujourd'hui les plus grands consommateurs de colza, l'utiliseraient depuis cette époque.

En France, le colza ne s'est répandu dans l'Est et le Nord-Ouest qu'au début de ce siècle. Malheureusement, des études biologiques menées il y a vingt ans sur le rat ont fait grand bruit et conduit les consommateurs à renoncer à son utilisation. On disait alors que toute huile de colza endommageait le muscle cardiaque.

On a observé qu'après avoir administré de l'huile de colza à des rats de laboratoire de minuscules lésions dans le muscle cardiaque apparaissaient plusieurs semaines après. Ce phénomène porte le nom savant de myocardiopathie de type diffus. Les rats ne mouraient pas de ces lésions dont l'apparition est très rare chez l'homme et sans rapport avec la maladie coronarienne. Il suffisait d'ailleurs d'ajouter à la nourriture des animaux une petite quantité de graisses saturées pour que les lésions n'apparaissent plus.

Les études biologiques se sont pourtant poursuivies de plus belle à l'époque. Elles ont permis de découvrir que l'*acide érucique* présent en forte quantité dans l'huile de colza était responsable de ces lésions. On a donc rapidement reproduit et cultivé des souches de colza sans acide érucique. Peu à peu, l'huile de colza avec acide érucique a disparu du marché. Selon quelques irréductibles, cette nouvelle huile de colza, lorsqu'elle constitue la seule source de lipides dans l'alimentation du rat, provoquerait encore des lésions cardiaques. Mais c'est également le cas pour bien d'autres huiles alimentaires.

Depuis, pour des milliers de Français, l'huile de colza a un effet nocif. Sans acide érucique, elle est pourtant l'une des huiles alimentaires qui, consommée régulièrement, protège le plus efficacement la santé, comme l'ont montré nos études en Moselle et à Lyon.

On entend aussi dire fréquemment que l'huile de colza est cancérigène. Pourtant, les seules graisses qui prédisposent au cancer chez l'homme, le rat ou la souris ont pour initiateurs les acides gras saturés (Rogers et coll, 1985) et pour promoteurs les huiles riches en acide linoléique (Abraham, Hillyard, 1983 ; Gabor, Abraham, 1986). Leur effet est alors proportionnel à la dose (Ip et coll, 1985). En revanche les acides linolénique et oléique n'ont aucun effet potentiateur sur la croissance de tumeurs mammaires chez la souris (Abraham, Illyard, 1983). Les acides gras de la famille de l'acide linolénique, principalement l'EPA et le DHA, semblent même inhiber le développement des cancers chez l'animal (Karmali et coll, 1984 ; Karmali, 1989). D'ailleurs, l'Étude des sept pays a montré que les Crétois ont la plus faible mortalité par cancer. L'acide linolénique n'a pas d'effet néfaste sur leur santé. Enfin, les Japonais, grands consommateurs de colza, ont un taux de mortalité par cancer qui, en 1991, était l'un des plus bas au monde.

Faisons-nous une raison. Mal aimée, l'huile de colza ne mérite pas le mépris qu'on lui témoigne. Excellente au goût, résistante à la cuisson, renfermant un ensemble de nutriments idéalement équilibré pour la santé, elle a sa place sur la table du gourmet, tout comme l'huile d'olive. Olive et colza sont probablement les deux seules huiles recommandables pour la santé.

Nouvelle confirmation

Le rôle clé de l'acide linolénique pour la prévention cardio-vasculaire, tel que nous l'avons démontré tout au long de cet ouvrage, a été confirmé par trois grandes études épidémiologiques présentées à Boston en janvier 1998. Deux d'entre elles ont été menées à la Harvard School of Public Health auprès des infirmières et des professionnels de la santé. La troisième (cas témoin) a été réalisée en Europe (Euramic).

Ces trois études constituent la preuve attendue pour les recommandations en matière de santé publique. Elles montrent de façon définitive l'importance des habitudes alimentaires, de la préparation des mets et de l'utilisation d'huiles et de margarines végétales.

Conseils diététiques

Le régime alimentaire que j'ai élaboré en collaboration avec la diététicienne Pascale Auteuil recrutée pour l'application du programme s'inspire très largement des études de Moselle. Il constitue une adaptation de la diète crétoise à une population française. Nous n'avons évidemment pas importé d'aliments cultivés en Crète. Nous n'avons pas non plus insisté pour que les patients utilisent l'huile d'olive aussi abondamment que les Crétois (100 g par jour).

Ces conseils diététiques ont donné des résultats exceptionnels. Les aliments utilisés sont ceux que l'on trouve sur les marchés et dans les grandes surfaces.

COMMENT ÉVITER
UN NOUVEL
ACCIDENT CORONARIEN

Principalement en modifiant vos habitudes alimentaires et en sélectionnant vos aliments comme indiqué ci-dessous. Ces modifications sont compatibles avec une cuisine de gourmet. Céréales, féculents, légumes et fruits constituent la base de votre nouveau régime alimentaire.

Quels aliments choisir

Céréales et dérivés

▶ Pâtes, riz, semoule, farine, pilpil, etc.

Ils peuvent être utilisés tels quels (pâtes à la tomate par exemple) ou en préparation (tarte, riz au lait, béchamel). Essayez de varier vos menus en multipliant les recettes.

▶ Produits de boulangerie

• pain à volonté : blanc, complet, de seigle, aux cinq céréales, au son, de campagne, aux noix, aux olives, etc.
• brioche « maison » à la margarine.
• biscuits : préférer les biscuits secs aux sablés et aux biscuits recouverts de chocolat.

Légumes secs

• Lentilles, haricots secs, fèves, pois cassés, pois chiches, etc.
À consommer régulièrement de préférence à tout autre féculent.

Pommes de terre

De préférence cuites à l'eau ou à la vapeur, servies en robe des champs, en purée, en gratin ou, à la rigueur, revenues dans la margarine.

Fruits et légumes

• Artichauts, asperges, aubergines, betteraves, brocolis, carottes, etc.

• Doivent être consommés à volonté. N'oubliez pas les crudités qui sont les plus riches en vitamines.

• Le potage peut être délicieux sans crème s'il est aromatisé convenablement. Pour lui donner de l'onctuosité, ajoutez du riz cuit et mixez le tout.

• Oignons et ail doivent être utilisés abondamment.

• Chaque repas principal devrait comprendre au moins un légume et un fruit. Les fruits seront pris au dessert ou entre les repas.

Les matières grasses

• **La margarine** fournie remplacera totalement le beurre, la crème, le saindoux ou les autres margarines.

– crue, sur les tartines,

– dans les plats chauds (légumes, viandes, pâtes, pommes de terre),

– dans les pâtisseries maison.

• **L'huile** servira à l'assaisonnement des salades, éventuellement aux grandes fritures. Ne jamais utiliser de « Végétaline ». Pour la vinaigrette, mettre exclusivement de l'huile (sans rajouter de crème fraîche). Choisir uniquement l'huile de colza ou l'huile d'olive.

Le lait et les produits laitiers

● **Le lait**, utilisé pour les plats salés ou sucrés ou comme boisson, sera totalement écrémé ou, à la rigueur, demi-écrémé.

● **Les yaourts ou fromages blancs.** Choisir les plus maigres (0 %). Ils peuvent être aromatisés avec des fruits frais ou des fruits au sirop, du sucre ou de la confiture. Lait écrémé, yaourts et fromages blancs sont consommés à volonté.

● **Les fromages secs.** Consommer de préférence les fromages de chèvre ou de brebis ou les fromages maigres.

Viandes – volailles – poissons

● Ces denrées alimentaires contiennent des graisses saturées, même si elles sont considérées comme « maigres ».

● Choisir fréquemment du poisson, des volailles, du lapin, de la viande de veau et de cheval qui en contiennent moins que le porc, le bœuf et le mouton (agneau).

● Enlever les parties grasses visibles avant la cuisson, cuire sans matière grasse (au four, au gril, à la Cocotte-Minute, en papillote) ou avec une quantité modérée de margarine.

● Mouiller la viande, avec du vin par exemple, ce qui permet d'obtenir des plats savoureux sans trop de matière grasse.

● Cuire les plats en sauce la veille. Une fois réfrigérée, on peut ôter la graisse qui sera figée à la surface du plat.

● La graisse de volaille et de poisson se trouve en quantité plus importante près de la peau que dans la chair elle-même. Éviter donc de manger la peau.

● Parmi les viandes considérées comme les plus riches en graisses saturées, choisir le plus souvent possible les morceaux les moins gras, c'est-à-dire :

– pour le bœuf : rumsteck, faux-filet, rosbif, bifteck, steak haché maigre.

– pour le porc : morceaux les plus nobles (rôti, côte-lettes), mais il est nécessaire d'ôter le gras visible.

– pour le mouton (agneau) : côtelette, gigot.

• **Les abats** peuvent être consommés mais en quantité modérée (une fois par semaine).

Charcuterie

• À consommer en quantité très limitée, excepté le jambon cuit et dégraissé ou le jambon que vous dégraissez vous-même.

• Vous pouvez toutefois cuisiner quelques « charcuteries allégées maison » comme des terrines.

• Foie gras, confit d'oie ou de canard, cassoulet peuvent être consommés occasionnellement.

Œufs

• Au plus, un total de cinq par semaine.

• Ne pas oublier que certains mets (quiche lorraine, desserts, etc.) renferment également des œufs.

N.B. Viandes, poissons, œufs sont dits équivalents, c'est-à-dire qu'ils pourront être remplacés les uns par les autres. Éviter les plats cuisinés industriels.

Les desserts

• Préférer comme dessert un fruit cuit ou cru, éventuellement macéré dans le vin rouge, plutôt qu'une préparation complexe. Ne pas oublier les noix, surtout l'hiver.

• Parmi les douceurs, choisir celles ne contenant pas de gras, par exemple un sorbet au lieu d'une crème glacée.

• Sucreries. Sont conseillées en quantité modérée : sucre blanc ou roux, miel, confitures, gelées, sirops, bonbons acidulés, sorbets. Chocolat, caramels, crème glacée à éviter.

• Pour les préparations de desserts élaborés, utilisez du lait écrémé et de la margarine plutôt que du beurre ou du saindoux.

Les boissons sans alcool

• Thé, café (le thé est préférable en raison de son contenu en substances antioxydantes).
• Boissons sucrées (limonade, jus de fruits, Coca-Cola, etc.).
• Eau, tisane à volonté.
Il est important de prendre un litre et demi de boisson par jour.

Les boissons alcoolisées

• Vin : deux à trois verres de vin par jour sont compatibles avec une prévention efficace de la maladie des coronaires.
• Apéritifs et digestifs à éviter, bière à éliminer.

Comment cuisiner sans excès de matières grasses

Les poêles antiadhésives facilitent la cuisine sans matière grasse mais vous pouvez tout aussi bien utiliser vos ustensiles habituels.

Mode de cuisson

▶ Les légumes
• Avant de les faire revenir, les cuire préalablement à la vapeur ou à l'eau ; les verser dans une poêle où on aura chauffé la margarine.

▶ Les viandes

• Les cuire avec la margarine ou, de préférence, sans aucune matière grasse : gril, poêle, four.

▶ Les œufs

• Ils peuvent être pochés, accompagnés de sauce tomate, cocotte, durs, à la coque, au plat.

▶ Les abats

• Sont très appréciés en brochette.

Avant de faire revenir les aliments, chauffer la margarine sans jamais la faire fumer.

Substitution
de certains ingrédients

À la place de crème et de beurre, pour vos légumes ou vos plats cuisinés, utilisez :

• soit de la margarine et, pour lier la sauce, de la farine ou de la Maïzena,

• soit du fromage blanc battu que vous pouvez aromatiser à votre goût (sel, poivre, épices, herbes aromatiques).

Pour les recettes traditionnelles, les modifier de la façon suivante :

• Remplacer la matière grasse de la recette par la margarine fournie.

• Diminuer la quantité totale de matière grasse.

• Les lardons peuvent être remplacés avec profit pour le palais par du jambon fumé, plus maigre.

La saveur de vos mets

N'oubliez pas qu'elle dépend largement des herbes aromatiques et des épices que vous y ajoutez.

• Fines herbes et aromates : basilic, cerfeuil, ciboule, ciboulette, cumin, estragon, laurier, marjolaine, menthe, sauge, serpolet, thym, etc.

• Épices : coriandre, curry, gingembre, girofle, muscade, piments, poivre. Elles relèvent le goût de vos plats et les parfument.

• N'oubliez pas les olives, vertes ou noires, à l'entrée du repas ou pour accompagner les viandes (canard aux olives).

Vous allez très rapidement vous sentir mieux
avec la cuisine méditerranéenne
que nous vous proposons

Voici les mêmes conseils résumés en commandements diététiques.

LES SIX COMMANDEMENTS DIÉTÉTIQUES

• Davantage de pain (céréales)
• Davantage de légumes (verts et secs)
• Davantage de poisson
• Moins de viande (bœuf, agneau, porc).
  La remplacer par de la volaille
• Jamais un jour sans fruit
• Pas de beurre ou de crème. Les remplacer par la
  margarine fournie. Utiliser l'huile d'olive au lieu
  de celle de tournesol

Le régime crétois pourrait également protéger du cancer. L'Étude des sept pays l'a montré. Moins d'acide linoléique et d'acides gras saturés mais davantage d'acide linolénique paraissent favoriser la protection contre le cancer chez l'animal. En outre, une consommation plus importante de produits végétaux et plus faible en viande va chez l'homme de pair avec une protection contre le cancer qui est même supérieure à celle observée pour la maladie coronarienne (Thorogood et coll., 1994).

Décidément, le régime crétois pourrait bien avoir toutes les vertus !

RÉGIME CRÉTOIS ET CUISINE FRANÇAISE

À la lecture de ces pages, de grands chefs diront peut-être que la cuisine française est une cuisine riche en beurre et en crème qui entrent dans la composition de chaque plat. Sans ces ingrédients, il n'y a pas de bonne cuisine possible. Pour moi, la cuisine française, la cuisine de gourmet, est une cuisine variée où toutes les productions agricoles du pays ont une place.

Le beurre et la crème offrent la composition la moins satisfaisante en acides gras. L'huile d'olive utilisée dans le Sud et la graisse de canard employée dans le Sud-Ouest ont une proportion d'acides gras bienfaiteurs ou neutres très supérieure qui s'accompagne d'une espérance de vie également supérieure. Nous proposons maintenant l'huile de colza qui a un goût délicieux dans les salades et les préparations. Aussi résistante à la chaleur que l'huile d'arachide, elle peut être utilisée pour les fritures en dépit de l'annotation contraire qui n'a aucun fondement scientifique.

Il faut retrouver, comme de nombreux chefs ont su le faire, les saveurs oubliées, une nouvelle manière de présenter les plats et les assiettes, une façon différente de lier les sauces.

Que ferons-nous alors des excédents de beurre et de crème ? En fait, on n'en entend plus parler de ces excédents, les malheureux agriculteurs ayant tellement d'autres problèmes. Le monde rural faisait la fierté de la France. La production laitière a derrière elle une longue histoire, l'industrie laitière, un organisme qui ne veut pas comprendre. Dans le régime crétois, nous n'avons pas du tout réduit la consommation de fromage. Tout au plus avons-nous suggéré de choisir les fromages les plus maigres. Les études n'indiquent pas que le fromage soit relié à l'accident coronarien (Renaud, de Lorgeril, 1994). En revanche, le lait mais aussi, dans une moindre mesure, le beurre et la crème sont les aliments qui y sont le plus étroitement associés. Selon moi, les produits laitiers que doit consommer régulièrement un adulte sont les fromages et les yaourts. Considérant leur qualité en France et leur succès à l'étranger, les fromages devraient constituer le principal produit laitier français. Si les vaches, au lieu de produire 40 g de gras au litre de lait par suite de sélections intensives, n'en produisaient que 28 comme il y a cinquante ans, le problème aurait probablement été résolu depuis longtemps. Voilà, il faudrait maintenant revenir en arrière et faire une sélection à rebours.

Tel chef va s'exclamer : la crème est irremplaçable ! Irremplaçable, allons donc ! Irremplaçable pour favoriser l'accident coronarien et pour masquer le goût de produits médiocres, oui, mais pas pour confectionner, à partir de produits irréprochables, des plats de gourmet. Ce ne sont ni Troisgros à Roanne ni Pierre Orsi à Lyon qui me démentiront. Ces deux célèbres restaurants affichent une liste de mets subtils où les sauces sont faites exclusivement à partir d'huile d'olive.

Le sud de la France, les pays méditerranéens, l'Extrême-Orient présentent d'innombrables mets délicieux qui ne contiennent ni crème ni beurre. La marquise de Sévigné, dans sa lettre à Mme de Grignan, écrivait : « Je ne saurais vous plaindre de n'avoir point de beurre en Provence puisque vous avez de l'huile admirable. » Si l'on veut absolument mettre un corps gras, on peut utiliser l'huile d'olive, l'huile de colza ou la margarine de colza lorsqu'elle sera commercialisée ; on peut, pour lier les sauces, employer la farine ou la Maïzena. Ces éléments apporteront non seulement l'onctuosité des graisses mais aussi l'équilibre des acides gras nécessaires à la santé. Autrement, il faudra rechercher cet équilibre dans une consommation très importante de légumes variés, crus et cuits, de noix ou de pourpier. Mais encore une fois, ce qui compte, ce ne sont pas les deux repas par semaine que vous pouvez faire sans remords au restaurant ou chez des amis. C'est la nourriture de tous les jours qui doit être en harmonie avec la santé.

À mes yeux, la cuisine de gourmet réside dans le choix des différents légumes et aromates ainsi que dans les combinaisons raffinées qu'élaborent les palais de nos chefs. Les livres de cuisine sont remplis de recettes savoureuses qui s'accommodent parfaitement des quelques préceptes énoncés.

En voici un exemple, *l'avocat aux crevettes*. Les ingrédients pour 4 personnes sont les suivants :
- 2 avocats
- 150 g de crevettes
- 50 g d'olives vertes dénoyautées
- le jus d'un citron
- 2 cuillerées à soupe d'huile d'olive
- sel
- paprika

Que rêver de plus délicieux et de plus sain que l'avocat et l'huile d'olive, riches en acide oléique et pauvres en acides gras saturés. L'huile d'olive pourra être remplacée par de l'huile de colza pour fournir le linolénique qui manque.

Ailleurs, je vois *le sauté de mouton aux choux de Bruxelles*
- 1 kg de choux de Bruxelles
- 2 carottes
- 1 échalote - 1 oignon
- 1 gousse d'ail -1 bouquet garni
- 600 g d'épaule d'agneau maigre
- 2 cuillerées à soupe d'huile de colza
- sel, poivre

Une heure de préparation et de cuisson et voici un plat pour régaler 4 personnes avec beaucoup d'ingrédients bons pour la santé.

Dans le livre de recettes pratiques que nous distribuions aux agriculteurs de Moselle en 1977, on y trouve la recette du *poulet cacciatore* pour 4 personnes :

Ingrédients
- 1 poulet coupé de 1,5 kg
- 2 cuillerées à soupe d'huile de colza
- 1 gousse d'ail hachée - 1 oignon émincé - 1 poivron
- 6 tomates fraîches
- 1 boîte de 250 g de sauce tomate
- sel - poivre - 1/2 cuillerée à café de thym

Préparation
- Brunir le poulet
- Assaisonner de sel et poivre
- Enlever le surplus de gras
- Ajouter l'ail, l'oignon, le piment, les tomates, la sauce tomate, le thym
- Couvrir et laisser mijoter 40 minutes sur feu doux jusqu'à ce que le poulet soit tendre

Que diriez-vous encore de *cailles aux épices*? Pour 4 personnes, il vous faudra :
- 4 cailles
- 400 g de lentilles
- 2 belles carottes
- 2 oignons - 2 gousses d'ail
- 1 bouquet garni - 1 clou de girofle
- 2 cuillerées à soupe d'huile (colza)
- 200 g de poitrine fumée
- sel, poivre

Préparation 20 minutes - Cuisson 40 minutes.

C'est une façon originale et succulente d'accommoder des légumes secs comme les lentilles.

Un peu plus loin, je trouve la recette des *filets de daurade sur lit de choux et coulis de tomate, le chou au gratin,* ou *la ratatouille,* mets tous délicieux qui, sans être de la très grande cuisine, enchantent les palais pour peu qu'ils soient cuisinés avec art. Les seuls corps gras qui accompagnent ces plats seront :
- pour les filets de daurade, 1 cuillerée à soupe d'huile d'olive (ou de colza),
- pour le chou au gratin, 50 g de fromage râpé mais 1/4 de litre de lait écrémé,
- pour la ratatouille, 5 cuillerées à soupe d'huile (olive ou colza).

Fromages et fruits frais terminent le repas. Les fruits, délicieux nature, peuvent être macérés dans du vin, présentés sous forme de sorbets. Éventuellement, pour les inconditionnels du dessert, on peut se régaler d'un gâteau aux fruits, préparé suivant nos conseils. Deux verres de vin arroseront ce type de repas destiné à vous garder en santé longtemps.

Baliverne me direz-vous ?

Il est vrai que pour le moment, seule l'étude de Lyon a démontré que des habitudes alimentaires calquées sur celles des Crétois pouvaient protéger d'une façon remarquable de l'accident coronarien. C'était aussi la première étude qui, au lieu d'innover et de se fonder sur des à-peu-près, résultait de trente ans d'études. Les résultats obtenus concordent parfaitement avec les habitudes alimentaires des deux populations ayant la meilleure espérance de vie au monde, les Crétois et les Japonais.

Pour éviter toute polémique sur l'incroyable protection du régime crétois, il faut reproduire cette étude ailleurs, dès que possible, de préférence dans un pays non méditerranéen. C'est ce que le Dr I. Hyermann de l'université d'Oslo en Norvège a entrepris en 1997.

Rendez-vous est donc pris pour dans deux ou trois ans. J'espère pourtant vous avoir dès à présent convaincu d'appliquer le régime crétois. L'expérience a démontré qu'il n'avait pour la saveur et la santé que des avantages.

Ne cherchez pas de pilule qui le remplace. Elle n'existe pas.

Glossaire

ACCIDENT VASCULAIRE CÉRÉBRAL

Destruction des structures nerveuses résultant de l'obstruction (thrombose) d'une artère cérébrale ou de sa rupture (hémorragie).

ACIDE DOCOSAHEXAÉNOIQUE

Ou DHA, également appelé cervonique car le cerveau en contient en abondance. Il est synthétisé chez l'humain à partir d'acide linolénique et d'EPA. Il comporte vingt-deux atomes de carbone et six doubles liaisons.

ACIDE EICOSAPENTAÉNOÏQUE

Ou EPA en abrégé. Acide gras avec vingt atomes de carbone et cinq doubles liaisons. Dans la nourriture, seuls les fruits de mer en sont riches, spécialement les poissons. Il est synthétisé dans l'organisme humain à partir de l'acide linolénique.

ACIDE LINOLÉIQUE

Le plus répandu des acides gras polyinsaturés dont sont riches certaines huiles du commerce (tournesol, maïs, soja : 50 à 60 % des acides gras). Il possède dix-huit atomes de carbone et deux doubles liaisons d'où sa formule chimique abrégée, 18:2.

ACIDE LINOLÉNIQUE

Acide gras polyinsaturé possédant dix-huit atomes de carbone comme le linoléique mais trois doubles liaisons, 18:3.

ACIDE OLÉIQUE

Acide gras mono-insaturé avec dix-huit atomes de carbone et une seule double liaison, 18:1. On le trouve dans nombre d'huiles et de graisses. L'huile d'olive en est la plus riche (70 % des acides gras) suivie par l'huile de colza (54 %), la graisse de canard et d'oie (49 %), l'huile d'arachide (47 %).

ACIDES GRAS

Substances composées d'une chaîne carbonée hydrophobe et d'un radical acide hydrophile. Leurs propriétés sont très différentes selon la longueur de la chaîne carbonée et la présence ou non de double liaison. S'ils n'ont pas de double liaison, ce sont des saturés. S'ils possèdent une double liaison, ce sont des mono-insaturés. S'ils en possèdent plusieurs, ce sont des acides gras polyinsaturés.

ACIDES GRAS SATURÉS

Acides gras ne possédant pas de double liaison, solides à la température ordinaire. Les trois principaux acides gras saturés de l'alimentation humaine sont les acides : myristique avec quatorze atomes de carbone (formule chimique abrégée : 14:0), palmitique avec seize atomes de carbone (16:0), stéarique avec 18 atomes de carbone (18:0).

ADÉNOSINE DIPHOSPHATE (ADP)

Substance complexe du groupe des mononucléotides, libérée par les cellules lors de la production d'énergie. Produite lors de l'agrégation des plaquettes sanguines par d'autres agents, elle constitue elle-même un facteur important pour l'agrégation des plaquettes.

ADRÉNALINE

Hormone sécrétée par la partie médullaire de la glande surrénale, spécialement sous l'effet du stress.

AGRÉGATION PLAQUETTAIRE

Phénomène caractérisé par l'accolement des plaquettes entre elles par suite de l'effet de substances telles que le collagène, l'ADP, l'adrénaline ou la thrombine. On reproduit ce phénomène dans des appareils appelés agrégomètres en ajoutant les substances précédentes à une suspension de plaquettes sanguines.

ANGINE DE POITRINE OU ANGOR

Douleur angoissante dans la poitrine déclenchée par l'effort (la marche, spécialement au froid) ou l'émotion. Elle résulte d'une insuffisance d'apport sanguin aux cellules cardiaques résultant du rétrécissement de la lumière des artères coronaires par l'athérosclérose (angor stable).

ARTÈRES CORONAIRES

Artères du cœur.

ARYTHMIE

Irrégularité du rythme cardiaque dont les implications sont plus ou moins graves selon le type.

ATHÉROSCLÉROSE

Durcissement et épaississement des artères résultant de l'accumulation de lipides (surtout des esters du cholestérol) recouverts de tissu fibreux (cicatriciel).

CARDIOVASCULAIRE

Qualifie tout ce qui concerne le cœur et les vaisseaux.

CHOLESTÉROL

Stérol synthétisé par le foie et d'autres tissus ; précurseur des hormones stéroïdes et des acides biliaires. Le cholestérol constitue la principale substance qui s'accumule dans les artères pour causer l'athérosclérose. Étant insoluble, le cholestérol, pour son transport dans l'organisme, a besoin de protéines avec lesquelles il constitue les lipoprotéines, différenciées selon leur densité. En bref, on distingue les lipoprotéines de basse densité (LDL) et celles de haute densité (HDL).

CHOLESTÉROL-HDL

Cholestérol transporté par des lipoprotéines de haute densité communément appelé « bon cholestérol » parce qu'il est associé avec des effets protecteurs pour la maladie coronarienne.

COLLAGÈNE

Composant essentiel du tissu conjonctif, de tout tissu cicatriciel. Il se transforme en gélatine sous l'effet de l'eau bouillante.

CORTISOL

Principale hormone stéroïdienne de la partie corticale des glandes surrénales chez l'homme.

CORTISONE

Hormone stéroïdienne, de structure voisine de celle du cortisol, sécrétée également par les surrénales. Elle est la principale hormone de la cortico-surrénale chez le rat.

DESMOSTÉROL

Stérol, précurseur du cholestérol, formé au cours de la synthèse du cholestérol, en particulier dans le foie.

DIÈTE

Utilisation raisonnée des aliments dans un but hygiénique.

EMBOLIE

Oblitération brusque, partielle ou totale d'une artère par un caillot sanguin entraîné par la circulation sanguine.

ÉTUDES PROSPECTIVES

Études de populations qui observent leur évolution (morbidité, mortalité) avec le temps, sur des périodes définies (par exemple de cinq ans) en fonction de différents facteurs (habitudes alimentaires, prise de médicaments).

FIBRILLATION VENTRICULAIRE

Très grave arythmie des ventricules qui est l'équivalent d'un arrêt cardiaque.

HYPERLIPIDÉMIE

Élévation anormale du taux des lipides circulant dans le sang. Ce terme s'applique à toute surcharge quelle que soit sa nature, par exemple en cholestérol (hypercholestérolémie) ou en triglycérides (hypertriglycéridémie).

INFARCTUS DU MYOCARDE

Lésion du cœur, grave en général, consécutive à l'oblitération d'une artère coronaire par un thrombus.

LIPIDES

Corps gras, d'origine animale ou végétale, de structures chimiques variées dont les plus communs sont les triglycérides (huiles et graisses).

MALADIE CORONARIENNE

Maladie des artères du cœur ou artères coronaires résultant de l'athérosclérose et de la thrombose. Les deux principales manifestations sont l'angine de poitrine et l'infarctus du myocarde ou crise cardiaque.

NORÉDRALINE

Hormone de structure chimique très voisine de celle de l'adrénaline, sécrétée également par la médullosurrénale mais surtout par les fibres du système nerveux sympathique. Le niveau sanguin de la noradrénaline est au moins le double de celui de l'adrénaline et beaucoup plus élevé lors d'un stress.

NUTRIMENTS

Les éléments des aliments qui peuvent être utilisés directement par l'organisme sans subir de transformations digestives. Exemple : protéines, glucides, lipides.

PEROXYDATION LIPIDIQUE

Oxydation des acides gras polyinsaturés, spécialement de l'acide linoléique, des structures lipidiques. Les acides gras peroxydés sont néfastes pour les structures (lipoprotéines, membranes) où ils se trouvent.

PLAQUETTE SANGUINE

La plus petite cellule du sang qui joue un grand rôle dans l'arrêt du saignement lors d'une blessure mais également dans la formation du thrombus.

PLASMA

Milieu liquide dans lequel les cellules sanguines se trouvent en suspension.

PROSTAGLANDINES

Substances initialement isolées dans le liquide séminal et la prostate, synthétisées dans de nombreux organes et tissus à partir d'acides gras à vingt atomes de carbone. Ces substances sont douées de grandes activités biologiques, très différentes selon leur structure chimique.

RANDOMISATION

Répartition au hasard d'une population en deux ou plusieurs groupes qui puissent être statistiquement comparables. Se réalise par tirage au sort à l'aide de tables de « nombres au hasard ».

RÉGIME

Ensemble de prescriptions concernant l'alimentation dans un but thérapeutique.

THROMBINE

Facteur (enzyme) de la coagulation transformant le fibrinogène soluble en filaments insolubles de fibrine qui consolident le thrombus. La thrombine est également un agent puissant d'agrégation plaquettaire.

THROMBOSE

Formation d'un thrombus dans l'appareil circulatoire.

THROMBUS

Sorte de caillot sanguin composé d'agrégats de plaquettes sanguines et de fibrine qui se forme à l'intérieur des vaisseaux, artères ou veines.

TRIGLYCÉRIDES

Lipides formés par l'estérification d'un alcool, le glycérol, par trois acides gras.

Bibliographie

ABRAHAM S. ET HILLYARD L.A., « Effect of dietary 18-carbon fatty acids on growth of transplantable mammary adenocarcinomas in mice », *JNCI 71*, 1983, p. 601-605.

ACKMAN R.G., « Some possible effects on lipid biochemistry of differences in the distribution on glycerol of long-chain n-3 fatty acids in the fats of marine fish and marine mammals », *Atherosclerosis 70*, 1988, p. 171-173.

ANITSCHKOW N., *Experimental Arteriosclerosis in Animals*, Cowdry E.V. ed. Arteriosclerosis, MacMillan Publishing Co, New York, 1933, p. 271-322.

ANNUAL REPORT OF NUTRITION SURVEY 1947-1991. Division of Health Promotion and Nutrition, Ministry of Health and Welfare, Japan Eds, Daiichi-Shuppan, Tokyo.

APPELQVIST L.A., *Rapeseed: Cultivation, Composition, Processing and Utilization*, Elsevier Publ., 1972.

ARTAUD-WILD S.M., CONNOR S.L., SEXTON G. et CONNOR W.E., « Differences in coronary mortality can be explained by differences in cholesterol and saturated fat intakes in 40 countries but not in France and Finland », *Circulation 88*, 1993, p. 2771-2779.

ARTHRAND J.B., « Cause of death in 339 Alaskan Natives as determined by autopsy », *Arch Pathol 90*, 1970, p. 433-438.
Atherosclerosis 43, 1982, p. 245-257.

BANG H.O. et DYERBERG J., « Plasma lipids and lipoproteins in Greenlandic West Coast Eskimos », *Acta Med. Scand. 192*, 1972, p. 85-94.

BANG H.O., DYERBERG J. et HYORNE N., « The composition of food consumed by Greenlandic Eskimos », *Acta Med. Scand. 200*, 1976, p. 69-73.

BLACKBURN H., « The low risk coronary male », *Am. J. Cardiol.*, 58, 1986, p. 161.

BLOT W.J., MCLLAUGHIN K., WINN D.M. et coll., « Smoking and drinking in relation to oral and pharyngeal cancer », *Cancer Res.*, 48, 1988, p. 3282-3287.

BOFFETTA P. et GARFINKEL L., « Alcohol drinking and mortality among men enrolled in an American Cancer Society prospective study », *Epidemiol. 1*, 1990, 342-348.

BORN G.V.R. et CROSS M.J., « Effects of inorganic ions and of plasma proteins on the aggregation of blood platelets by adenosine diphosphate », *J. Physiol. 170*, 1964, p. 397-414.

BOURRE J.M., *Les Bonnes Graisses,* Éditions Odile Jacob, 1991.

BUDOWSKI P. et CRAWFORD M.A., « Alpha-linolenic acid as a regulator of the metabolism of arachidonic acid : dietary implications of the ratio, n-6 : n-3 fatty acids », *Proc. Nutr. Soc.* 44, 1985, p. 221-229.

BURR M.L., FEHILY A.M., GILBERT J.F. et coll., « Effects of changes in fat, fish and fibre intakes on death and myocardial reinfarction : diet and reinfarction trial (DART) », *Lancet* 334, 1989, p. 757-761.

CAMARGO C.A. JR., VRANIZAN K.M., THORESEN C.E. et WOOD P.D., « Type A behavior pattern and alcohol intake in middle-aged men », *Psychosomat. Med.* 48, 1986 : 575-581.

CANNER P.L., BERGE K.G., WENGER N.K. et coll., « Fifteen year mortality in coronary drug project patients/long-term benefit with Niacin », J. Amer. Coll. Cardiol. 8, 1986, p. 1245-1255

CARRUTHERS M.E., « Agression and atheroma », *Lancet,* 2, 1969, p. 1170-1171.

CIAVATTI M., BLACHE D. et RENAUD S., « Hormonal contraceptive increases plasma lipid peroxides in female rats. Relationship to platelet aggregation and lipid biosynthesis », *Arteriosclerosis,* 9, 1989, p. 84-89.

COMITÉ DE NUTRITION, Société française de pédiatrie, « Apports énergétiques des acides gras essentiels », *Archives françaises de pédiatrie,* 45, 1988, p. 839-844.

COMMITTEE OF PRINCIPAL INVESTIGATOR, « WHO Cooperative trial of primary prevention of ischaemic heart disease with clofibrate to lower serum cholesterol. Trial mortality follow up », *Lancet,* 2, 1984, 600-606.

COMSTOCK G.W., « The epidemiologic perspective. Water hardness and cardiovascular disease », *J. Environm. Path. Toxicol.,* 4, 1980, p. 9-26.

CONNOR W.E. et CONNOR S.L., *The Dietary Prevention and Treatment of Coronary Heart Disease,* 1990.

CROMBIE I.K., MCLOONE P., SMITH W.C.S., THOMSON M. et TUNSTALL PEDOE H., « International differences in coronary heart disease mortality and consumption of fish and other foodstuffs », *Eur. Heart J.,* 8, 1987, p. 560-563.

CURB J.D. et REED D.M., « Fish consumption and mortality from coronary heart disease » (Letter), *N. Engl. J. Med.* 313, 1985, p. 821.

D'HOUTAUD A., ADRIAANSE H. et FIELD M.G., « A Alcohol consumption in France : production, consumption, morbidity and mortality, prevention and education in the last three decades », *Advances in Acohol & Substance Abuse,* 8, 1989, p. 19-44.

DE LORGERIL M., RENAUD S., MAMELLE N. et coll., « Mediterranean alpha-linolenic acid-rich diet in secondary prevention of coronary heart disease », *Lancet,* 343, 1994, p. 1454-1459.

DEN HARTOG C., BUZINA K., FIDANZA F., KEYS A. et ROINE P., « Dietary studies and epidemiology of heart diseases » (The Stitchting tot wetenschappelijke Voorkichting op Voedingsgebied), The Hague, 1968.

DOLL R., PETO R., HOLL E., WHEATLEY K. et GRAY R., « Mortality in relation to consumption of alcohol : 13 years observations on male British doctors », B.M.J. 309, 1994, p. 911-918.

DUCIMETIÈRE P., RICHARD L., CAMBIEN F., RAKOTOVAS R. et CLAUDE J.R., « Coronary heart disease in middle-aged Frenchmen. Comparisons between Paris Prospective Study, Seven Countries and Pooling Project », Lancet 1, 1980, p. 1346-1350.

DUCIMETIÈRE P., RICHARD J., CLAUDE J.R. et WARNET J.M., « Les cardiopathies ischémiques. Incidences et facteurs de risque. L'étude prospective parisienne », Éditions INSERM, Paris, 1981.

DUNT D.R., « Recent mortality trends in the adult Australian population and its principal ethnic groupings », Community Health Stud. 6, 1982, p. 217-222.

DURRINGTON P.N., « How HDL protects against atheroma ? », Lancet 342, 1993, p. 1315-1316.

DURY A., « Influence of cortisone on lipid distribution and atherogenesis », Ann. N.Y. Acad. Sci. 72, 1959, p. 870.

DYERBERG J., BANG H.O. et HYORNE N., « Fatty acid composition of the plasma lipids in Greenland Eskimos », Am. J. Clin. Nutr. 28, 1975, p. 958-966.

DYERBERG J., BANG H.O., STOFFERSON E., MONCADA S. et VANE J.R., « Eicosapentaenoic acid and prevention of thrombosis and atherosclerosis », Lancet 2, 1978, p. 117-119.

DYERBERG J. et BANG H.O., « Hemostatic function and platelet polyunsaturated fatty acids in Eskimos », Lancet 2, 1979, p. 433-435.

ELWOOD P., RENAUD S., SHARP D.S., BESWICK A.D., O'BRIEN J.R. et YARNELL J.W.G., « Ischaemic heart disease and platelet aggregation : the Caerphilly collaborative heart disease study », Circulation 83, 1991, p. 38-44.

EMKEN E.A., ADLOT R.O. et GULLEY R.M., « Dietary linoleic acid influences desaturation and acylation of deuterium-labeled linoleic and linolenic acids in young adult males », B.B.A. 1213, 1994, p. 277-288.

FARCHI G., FIDANZA F., MARIOTTI S. et MENOTTI A., « Alcohol and mortality in the Italian rural cohorts of the Seven Countries Study », Int. J. Epidemiol. 21, 1992, p. 74-82.

FAURE P., La Vie quotidienne en Crète au temps de Minos, Hachette, 1971.

FERNIOT J., L'Europe à table, Les Éditions du Mécène, 1993.

FOLSOM A.R., HUGHES J.R., BUCHLER J.F., MITTELMARK M.B., JACOBS D.R. JR. et GRIMM R.H. JR., « Do type A men drink more frequently than type B men. Findings in the Multiple Risk Factor Intervention Trial (MRFIT) », J. Behavior. Med. 8, 1985, p. 227-235.

FRANKEL E.N., KANNER J., GERMAN J.B., PARKS E. et KINSELLA J.E., « Inhibition of oxidation of human low-density lipoprotein by phenolic substances in red wine », Lancet 341, 1993, p. 454-457.

FRANTZ I.D. JR., DAWSON E.A., ASHOM P.L. et coll., « Test of effect of lipid

214 • LE RÉGIME SANTÉ

lowering by diet on cardiovascular risk. The Minnesota Coronary Survey»,
Arteriosclerosis 9, 1989, p. 129-135.

FRICK M.H., HAAPA O. et coll., «Helsinki heart study : primary-prevention trial
with Gemfibrozil in middle-age men with dyslipidemia», *New Engl. J. Med.*
317, 1987, p. 1237-1245.

FRIEDMAN M., BYERS S.O. et ROSENMAN R.H., «Coronary prone individual (type
A behavior pattern) : some biochemical characteristics», *JAMA* 212, 1970,
p. 1030-1037.

FRIEDMAN M. et ROSENMAN R.H., «Association of specific overt behavior pattern with blood and cardiovascular findings», *JAMA* 169, 1959, p. 1286-
1296.

FRIEDMAN M., ST GEORGE S., BYERS S.O. et ROSENMAN R.H., «Excretion of
catecholamines, 17 ketosteroids, 17-hydroxycorticoids and 5-hydroxindole
in men exhibiting a particular behavior pattern (A) associated with a high
incidence of clinical coronary artery disease», *J. Clin. Invest.* 39, 1960,
p. 758-764.

FRIEDMAN M., THORESON C.E., GILL J.J. et coll., «Alteration of type A behavior and its effect on cardiac recurrences in post myocardial infarction
patients : summary results of the recurrent coronary prevention projects»,
Am. Heart J. 112, 1986, p. 653-665.

FULTON M., ADAM W., LUTZ W. et OLIVER M.F., «Regional variations in mortality from ischaemic heart and cerebrovascular disease in Britain», *Br.
Heart J.* 40, 1978, p. 563-568.

FUSTER V., COHEN M. et HALPERN J., «Aspirin in the prevention of coronary
disease», *N. Engl. J. Med.* 321, 1989, p. 183-185.

GABOR H. et ABRAHAM S., «Effect of dietary menhaden oil on tumor cell loss
and the accumulation of mass of a transplantable mammary adenocarcinoma
in BALB/c nice», *J.N.C.I.* 76, 1986, p. 1223-1229.

GAUTHERON P. et RENAUD S., «Hyperlipidemia induced hypercoagulable state
in rat. Role of an increased activity of platelet phosphatidyl serine in response to certain dietary fatty acids», *Thromb. Res.* 1, 1972, p. 353-370.

GEY K.F., PUSKA P., JORDA P. et MOSER U.K., «Inverse correlation between
plasma vitamin E and mortality from ischemic heart disease in cross-cultu-
ral epidemiology», *Am. J. Clin. Nutr.* 53, 1991, p. 326S-334S.

GORDON D.S., KOBERNICK D., MCMILLAN C. et DUFF G.L., «The effect of cortisone on the serum lipids and the development of experimental cholesterol
atherosclerosis in the rabbit», *J. Exper. Med.* 99, 1954, p. 371-375.

GORDON T. et KANNEL W.B., «Drinking habits and cardiovascular disease. The
Framingham Study», *Am. Heart J.* 105, 1983, p. 667-673.

GRONBAEK M., DEIS M., SORENSEN T.I.A., BECKER U., SCHNOHR P. et JENSEN G.,
«Mortality associated with moderate intakes of wine, beer or spirits»,
B.M.J. 310, 1995, p. 1165-1169.

HARRIS W.S., « Fish oils and plasma lipid and lipoprotein metabolism in humans : A critical review », *J. Lipid Res.* 30, 1989, p. 785-807.

HARTROFT W.S. et O'NEAL R.N., « Experimental production of coronary atherosclerosis », *Amer. J. Cardiol.* 9, 1962, p. 335-364.

HEGSTED D.M., AUSMAN L.M., JOHNSON J.A. et DALLAL G.E., « Dietary fat and serum lipids : an evaluation of the experimental data », *Am. J. Clin. Nutr.* 57, 1993, p. 875-883.

HILLBOM M.E., « What supports the role of alcohol as a risk factor for stroke ? », *Acta Med. Scand.* 717, 1987, suppl, p. 93-106.

HILLBOM M.E., KANGASAHO M. et HJELM-JAGER M., « Platelet aggregation and thromboxane B_2 formation after ethanol abuse : is there a relationship to stroke ? », *Acta Neurol. Scand.* 70, 1984, p. 432-437.

HIRAI K., SHIMAZU C., TAKERZOE R. et OZEKI Y., « Cholesterol, phytosterol and polyunsaturated fatty acid level in 1982 and 1957 Japanese diets », *J. Nutr. Sci. Vitaminol.* 32, 1986, p. 363-372.

HJERMANN I., « Dietary prevention of coronary heart disease », in Somogy J.C., Renaud S., Astier-Dumas M. eds., « Emerging problems in human nutrition », *Biblthca. Nutr. Dieta* 40, 1987, p. 28-32.

HJERMANN I., HOLME I. et LEREN P., « Oslo study diet and antismoking trial. Results after 102 months », *Am. J. Med.*, 80, 1986, p. 7-11.

HJERMANN I., HOLME I., BYRE K.V. et LEREN P., « Effect of diet and smoking intervention on the incidence of coronary heart disease », *Lancet* 2, 1981, p. 1303-1310.

HORNSTRA G., « Dietary fats and arterial thrombosis », *Haemostasis* 2, 1973/74, p. 21-52.

HORNSTRA G. et VENDELMANS A., « Induction of experimental arterial occlusive thrombi in rats », *Atherosclerosis* 17, 1973, p. 369-382.

HOUWELINGEN A.C.V., HENNISSEN A.A.M., VERBEEK-SCHIPPERS G., SIMONSEN G., KESTER A.D.M. et HORNSTRA G., « Effect of a moderate fish intake on platelet aggregation in human platelet rich plasma », *Thromb. Haemost.* 59, 1988, p. 507-513.

IMACHI K., MICHAELS G.D., GUNNING B., GRASSO S., FUKAYAMA G. et KINSELL L., « Studies with the use of fish oil fractions in human subjects », *Am. J. Clin. Nutr.* 13, 1963, p. 158-168.

INNIS S.M., « Sources of omega 3 fatty acids in artic diets and their effects on red cell and breast milk fatty acids in canadian Inuits », in « Dietary omega 3 fatty acids. Biological effects and nutritional essentiality », C. Galli and A.P. Simopoulos, Eds. Plenum Press, New York, 1989, p 135-146.

INSERM. « Causes médicales de décès », 1990.

IP C., CARTER C.A. et IP M.M., « Requirement of essential fatty acids for mammary tumorigenesis in the rat », *Cancer Res.* 45, 1985, p. 1997-2001.

JOST J.P., SIMON C., NUTTENS M. et coll., « Comparison of dietary patterns between population samples in the three French MONICA nutritional surveys », *Rev. Epidemiol. Santé Publique* 38, 1990, p. 517-523.

KAGAN A., HARRIS B.R., WINKELSTEIN W. et coll., « Epidemiologic studies of coronary heart disease and stroke in Japanese men living in Japan, Hawaï and California : demographic physical, dietary and biochemical characteristics », *J. Chron. Dis.* 27, 1974, p. 345-64.

KAGAWA Y., NISHIZAWA M., SUZUKI M. et coll., « Eicosapolyenoic acid of serum lipids of Japanese islanders with low incidence of cardiovascular diseases », *J. Nutr. Sci. Vitaminol.* 28, 1982, p. 441-453.

KARMALI R.A.,« n-3 fatty acids and cancer », *J. Intern. Med.* 225, 1989, suppl., p. 197-200.

KARMALI R.A., MARSH J. et FUCHS C., « Effect of omega-3 fatty acids on growth of a rat mammary tumor », *J. Natl. Cancer Inst.* 73, 1984, p. 457-462.

KEYS A., « Coronary heart disease in seven countries », *Circulation* 41 (Suppl.1), 1970.

KEYS A. et KEYS M., « How to eat and stay well, the Mediterranean way », New York : Doubleday Co. Inc, 1975.

KEYS A., « Seven Countries. A multivariate analysis of death and coronary heart disease », Harvard University Press. Cambridge, 1980.

KEYS A., ARAVANIS C. et SDRIN H., « The diets of middle-aged men in two rural areas of Greece », Voeding 27, 1966, p. 575-586.

KEYS A., MENOTTI A., KARVONEN M.J. et coll., « The diet and 15-year death rate in the seven countries study », *Am. J. Epidemiol.* 124, 1986, 903-915.

KEYS A., MENOTTI C., ARAVANIS C. et coll., « The Seven Countries Study : 2289 deaths in 15 years », *Prev. Med.* 13, 1984, p. 141-154.

KLATSKY A.L., ARMSTRONG M.A. et FRIEDMAN G.D., « Alcohol and mortality », *Ann. Intern. Med.* 117, 1992, p. 646-654.

KONDO K., MATSUMOTO A., KURATA H. et coll., « Inhibition of oxidation of low-density lipoprotein with red wine », *Lancet* 344, 1994, p. 1152.

KROMHOUT D., « n-3 fatty acids and coronary heart disease : epidemiology from Eskimos to Western populations », *J. Intern. Med.* 225, 1989, suppl. 1, p. 47-51.

KROMHOUT D., BOSSCHIETER E.B. et DE LEZENNE COULANDER C., « The inverse relation between fish consumption and 20-year mortality from coronary heart disease », *N. Engl. J. Med.* 312, 1985, p. 1205-1209.

KROMHOUT D., KEYS A., ARAVANIS C. et coll., « Food consumption patterns in the 1960's in Seven Countries », *Am. J. Clin. Nutr.* 49, 1989, p. 889-894.

KROMHOUT D., MENOTTI A. et BLACKBURN H. Ed. The Seven Countries Study, « A scientific adventure in cardiovascular disease epidemiology », RIVM, Bilthoven Hollande, 1993.

KROMHOUT D., NISSINEN A., MENOTTI A. et coll., « Total and HDL cholesterol and their correlates in elderly men in Finland, Italy and the Netherlands », *Am. J. Epidemiol.* 131, 1990, p. 855-863.

KUIPERS E.J., UYTERLINDE A.M., PENA A.S., ROOSENDAAL R., PALS G., NELIS G.F., FESTEN H.P.M. et MEUWISSEN S.G.M., « Long-term sequelae of Helicobacter pylori gastritis », *Lancet* 345, 1995, p. 1525-1528.

LANGER R.D., CRIQUI M.H. et REED D.M., « Lipoproteins and blood pressure as biologic pathways for the effect of moderate alcohol consumption on coronary heart disease », *Circulation* 85, 1992, p. 910-915.

LE PEN C., « Deuxièmes assises nationales de la prévention des maladies cardio-vasculaires », Service Information Fruit d'Or Recherche, Astra-Calvé Information Lipodiététique, 1994.

LEREN P., « The effect of plasma cholesterol lowering diet in male survivors of myocardial infarction », *Acta Medica Scand.*, suppl. 466, 1966.

LEREN P., « The Oslo diet-heart study. Eleven year report », *Circulation* 42, 1970, p. 935-942.

LEWIS J.C. et TAYLOR R.G., « Effects of varying dietary fatty acid ratios on plasma lipids and platelet function in the African green monkey », *Atherosclerosis* 77, 1989, p. 167.

LIPID RESEARCH CLINICS PROGRAM, « The Lipid Research Clinics Coronary Primary Prevention Trial Results », *J.A.M.A.* 251, 1984, p. 351-364.

MARTIN M.J., HULLEY S.B., BROWNET W.S. et coll., « Serum cholesterol, blood pressure and mortality : implications from a cohort of 361 662 men », *Lancet* 2, 1986, p. 933-940.

MASIRONI R., PISA J. et CLAYTON F., « Myocardial infarction and water hardness in the WHO myocardial infarction registry network, Bull », *Wld Hlth Org.* 54, 1979, p. 291-299.

MAXWELL S., CRUICKSHANK A. et THORPE G., « Red wine and antioxidant activity in serum », *Lancet* 344, 1994, p. 193-194.

MCLENNAN P.L., « Relative effects of dietary saturated, monounsaturated, and polyunsaturated fatty acids on cardiac arrhythmias in rats », *Am. J. Clin. Nutr.* 57, 1993, p. 207-212.

MCLENNAN P.L. et DALLIMORE J.A., « Dietary canola oil modifies myocardial fatty acids and inhibits cardiac arrythmias in rats », *J. Nutr.* 125, 1995, p. 1003-1009.

MCMICHAEL A.J. et GILES G.G., « Cancer in migrants to Australia : extending the descriptive epidemiological data », *Cancer Res.* 48, 1981, p. 751-756.

MULTIPLE RISK FACTOR INTERVENTION TRIAL RESEARCH GROUP, « Coronary heart disease death, nonfatal acute myocardial infarction and other clinical outcomes in the Multiple Risk Factor Intervention Trial », *Am. J. Cardiol.* 58, 1986, p. 1-13.

NORDOY A. et CHANDLER A.B., « Platelet thrombosis induced by adenosine diphosphate in the rat », *Scand. J. Haemat.* 1, 1964, p. 16-25.

NORDOY A., « The influence of saturated fats, cholesterol, corn oil and linseed oil on the ADP-induced platelet adhesiveness in the rat », *Thromb. Diath. Haemorrh.* 13, 1965, p. 543-549.

NORDOY A., « The influence of saturated fats, cholesterol corn oil and linseed oil on experimental venous thrombosis », *Thromb. Diath. Haemorrh.* 13, 1965, p. 244-256.

NORDOY A., DAVENAS E., CIAVATTI M. et RENAUD S., « Effect of dietary (n-3) fatty acids on platelet function and lipid metabolism in rats », *Biochim. Biophys. Acta* 835, 1985, p. 491-500.

NORELL S.E., AHLBOM A., FEYCHTING M. et PEDERSEN N.L., « Fish consumption and mortality from heart disease », *Brit. Med. J.* 293, 1986, p. 426-429.

OFFICE MONDIAL DE LA SANTÉ (O.M.S.), « Annuaire de statistiques sanitaires mondiales 1989 et 1993 », Genève 1989 et 1994.

OHNO Y., « Health development in Japan : determinants, implications and perspectives », *World Health Stat. Q.* 38, 1985, p. 176-192.

ORGANISATION DE COOPÉRATION ET DE DÉVELOPPEMENT ÉCONOMIQUE (OCDE), « Statistiques de la Consommation des Denrées Alimentaires 1979-1988 », Paris, 1991.

OWREN P.A., HELLEM A.J. et ÖDEGUARD A., « Linolenic acid for the prevention of thrombosis and myocardial infarction », *Lancet* II, 1964, p. 975-979.

PFIEFFER J.J., JANSSEN F., MUESING R. et LUNDBERG W.O., « The lipid depressant activities of whole fish and their component oils », *J. Am. Oil Chem Soc.* 39, 1962, p. 292-296.

PHILLIPS R.L., LEMON F.R., BEESON W.L. et KUZMA J.W., « Coronary heart disease mortality among Seventh-Day Adventists with differing dietary habits : a preliminary report », *Am. J. Clin. Nutr.* 31, 1978, suppl., p. 191-198.

« Proceedings of interdisciplinary symposium on gene, nutrition and health », YAMORI Y., KIRBY E., Eds. *Nutrition and Health* 8, 1992, p. 67-194.

REAVEN P., PARTHASARATHY S., GRASSE B.J., MILLER F., STEINBERG D. et WILZTU J.L., « Effects of oleate-rich and linoleate-rich diets on the susceptibility of low-density lipoprotein to oxidative modification in mildly hypercholesterolemic subjects », *J. Clin. Invest.* 91, 1993, p. 668-676.

RENAUD S., « Dietary fatty acids and platelet reactivity in relation to coronary heart disease », in « Proceedings from the scientific conference on the effects of dietary fatty acids on serum lipoproteins and hemostasis », R.J. Nicolosi, Ed. *American Heart Association*, Dallas, 1989, p. 125-138.

RENAUD S. et ALLARD C., « Thrombosis in connection with serum lipid changes », *Circ. Res.* 11, 1962, p. 388-399.

RENAUD S. et ATTIÉ M.C., « La composition des aliments », *Astra-Calvé - Information - Lipo-Diététique*, Paris 1989.

RENAUD S., DE LORGERIL M., DELAYE J., GUIDOLLET J., JACQUARD F., MAMELLE N., MARTIN J.L., MONJAUD I., SALEN P. et TOUBOUL P., « The Cretan Mediterranean diet for prevention of coronary heart disease », *Am. J. Clin. Nutr.* 61 (suppl.), 1995, p. 1360S-1367S.

RENAUD S. et DE LORGERIL M., « The French paradox : dietary factors and cigarette smoking-related health risks », *Ann N.Y. Acad. Sci.* 686, 1993, 299-309.

RENAUD S. et DE LORGERIL M., « Wine, alcohol, platelets and the French Paradox for Coronary Heart Disease », *Lancet* 339, 1992, p. 1523-1526.

RENAUD S. et GAUTHERON P., « Influence of dietary fats on atherosclerosis, coagulation and platelet phospholipids in rabbits », *Atherosclerosis* 21, 1975, p. 115-124.

RENAUD S. et GODU J., « Induction of large thrombi in hyperlipemic rats by epinephrine and endotoxin », *Lab. Invest.* 21, 1969, p. 512-518.

RENAUD S. et GODU J., « Thrombosis prevention by acetylsalicylic acid in hyperlipemic rats », *C.M.A. Journal* 103, 1970, p. 1037-1040.

RENAUD S. et LECOMPTE F., « Hypercoagulability induced by hyperlipemia in rat, rabbit and man. Role of platelet factor 3 », *Circulat. Res.* 27, 1970, p. 1003-1011.

RENAUD S. et NORDOY A., « Dietary fats and thrombosis », *Haemostasis* 2, 1973/74, p. 1-180.

RENAUD S. et RUF J.C., « The French paradox : vegetables or wine », *Circulation* 90, 1994, p. 3118.

RENAUD S., « Influence of corticoids on coagulation and thrombosis in rat : Possibility of a serum-protein related effect », in *Endocrine aspects of disease processes*, Jasmin G. *et al.*, Eds. Waarren H. Green Inc., St Louis, MO, 1968, p. 429-446.

RENAUD S., « Linoleic acid, platelet aggregation and myocardial infarction », *Atherosclerosis* 80, 1990, p. 255-256.

RENAUD S., « Thrombotic, atherosclerotic and lipemic effects of dietary fats in the rat », *Angiology* 20, 1969, p. 657-669.

RENAUD S., ALLARD C. et LATOUR J.G., « The prevention by glucocorticoids of endotoxin-initiated thrombosis in rat, in relation to fibrinolysis, coagulation and lipemia », *Am. Heart J.* 72, 1966, p. 797-801.

RENAUD S., BESWICK A.D., FEHILY A.M. et coll., « Alcohol and platelet aggregation : the Caerphilly prospective heart disease study », *Am. J. Clin. Nutr.* 55, 1992, p. 1012-1017.

RENAUD S., CIAVATTI M., THÉVENON C. et RIPOLL J.P., « Protective effects of dietary calcium and magnesium on platelet function and atherosclerosis in rabbits fed saturated fat », *Atherosclerosis* 47, 1983, p. 187-198.

RENAUD S., CRIQUI M.H., FARCHI G. et VEENSTRA J., « Alcohol drinking and coronary heart disease », in *Health Issues related to Alcohol Consumption*, P.M. Verschuren, Ed. ILSI Press, Washington, D.C., USA, 1993, p. 81-123.

RENAUD S., DUMONT E., BAUDIER F., ORTCHANIAN E. et SYMINGTON I.S., « Effect of smoking and dietary saturated fats on platelet functions in Scottish farmers », *Cardiovasc. Res.* 19, 1985, p. 155-159.

RENAUD S., DUMONT E., GODSEY F., SUPLISSON A. et THÉVENON C., « Platelet functions in relation to dietary fats in farmers from two regions of France », *Thromb. Haemost.* 40, 1979, p. 518-531.

RENAUD S., GAUTHERON P., ARBOGAST R. et DUMONT E., « Platelet Factor 3 activity and platelet aggregation in patients submitted to coronarography », *Scand. H. Haemat.* 12, 1974, p. 85-92.

RENAUD S., GODSEY F., DUMONT E., THÉVENON C., ORTCHANIAN E. et MARTIN J.L., « Influence of long-term diet modification on platelet function and composition in Moselle farmers », *Am. J. Clin. Nutr.* 43, 1986, p. 136-150.

RENAUD S., KINLOUGH R.L. et MUSTARD J.F., « Relationship between platelet aggregation and the thrombotic tendency in rats fed hyperlipemic diets », *Lab. Invest.* 22, 1970, p. 339-343.

RENAUD S., MORAZAIN R., GODSEY F. et coll., « Nutrients, platelet function and composition in nine groups of French and British farmers », *Atherosclerosis* 60, 1986, p. 37-48.

RENAUD S., MORAZAIN R., GODSEY F. et coll., « Platelet function in relation to diet and serum lipids in British farmers », *Br. Heart J.* 46, 1981, p. 562-570.

RENAUD S., RUF J.C. et PETITHORY D., « The positional distribution of fatty acids in palm oil and lard influences their biologic effects in rats », *J. Nutr.* 125, 1995, p. 229-235.

RENAUD S. et DE LORGERIL M., « Nutrition, atherosclerosis and coronary heart disease », *Reprod. Nutr. Dev.* 34, 1994, p. 599-607.

RENAUD S., *Epidemiology*, 9, 1998, p. 184-188.

RESEARCH COMMITTEE TO THE MEDICAL RESEARCH COUNCIL, « Controlled trial of soya-been oil in myocardial infarction », *Lancet* 2,1968, p. 693-700.

RIEMERSMA R.A. et SARGENT C.A., « Dietary fish oil and ischaemic arrhythmias », *J. Intern. Med.* 225, 1989, suppl. 1, p. 111-116.

RIMM E.B., GIOVANNUCCI E., WILLETT W.C. et coll., « Alcohol and mortality », *Lancet* 338, 1991, p. 1073-1074.

RIMM E.B., STAMPFER M.J., ASCHERIO A., GIOVANNUCCI E., COLDITZ G.A. et WILLETT W.C., « Vitamin E consumption and the risk of coronary heart disease in men », *N. Engl. J. Med.* 328, 1993, p. 1450-1456.

ROBERTS T.L., WOOD D.A., RIEMERSMA R.A., GALLAGHER P.J. et LAMPE F.C., « Trans isomers of oleic and linoleic acids in adipose tissue and sudden cardiac death », *Lancet* 345, 1995, p. 278-282.

ROBERTSON T.L., KATO H., GORDON T. et coll., « Epidemiologic studies of coronary heart disease and stroke in Japanese men living in Japan, Hawaii and California », *Am. J. Cardiol.* 39, 1977, p. 239-243.

ROGERS A.E., CONNER B.H., BOULANGER C.L., LEE S.Y., CARR F.A. et DuMOUCHIL W.H., « Enhancement of mammary carcinogenesis in rats fed a high lard diet only before and after DMBA », in Vahouny G., Kritchevski D., Eds. *Basic and Clinical Aspects of Dietary Fiber*, New York, Plenum Press, 1985.

ROSENMAN R.H., BRAND R.J., JENKINS C.D., FRIEDMAN M., STRAU R. et WURM M., « Coronary heart disease in the Western Collaborative Group Study : final follow-up experience of 8 1/2 years », *JAMA* 23, 1975, p. 872-878

RUF J.C., BERGER J.L. et RENAUD S., « Platelet rebound effect of alcohol withdrawal and wine drinking in rats. Relation to tannins and lipid peroxidation », *Arterioscl. Thromb. Vasc. Biol.* 15, 1995, p. 140-144.

SANDKER G.N., KROMHOUT D., ARAVANIS C. et coll., « Serum cholesteryl ester fatty acids and their relation with serum lipids in elderly men in Crete and The Netherlands », *Eur. J. Clin. Nutr.* 47, 1993, p. 201-208.

SCANDINAVIAN SIMVASTATIN SURVIVAL STUDY GROUP., « Randomised trial of cholesterol lowering in 4 444 patients with coronary heart disease : the Scandinavian Simvastatin Survival Study (4S) », *Lancet* 344, 1994, p. 1383-1389.

SHEKELLE R., MISSELL L., PAUL O., MACMILLAN-SCHRYOCK A. et STAMLER J., « Fish consumption and mortality from coronary heart disease » (Letter), *N. Engl. J. Med.* 313, 1985, p. 820.

SHERWOOD A., ALLEN M.T., OBRIST P.A. et LANGER A.N., « Evaluation of beta-adrenergic influences on cardiovascular and metabolic adjustments to physical and psychological stress », *Psychophysiology* 23, 1986, p. 89-106.

SIEBERT B.D., MCLENNAN P.L., WOODHOUSE J.A. et CHARNOCK J.S., « Cardiac arrythmia in rats in response to dietary n-3 fatty acids from red meat, fish oil and canola oil », *Nutr. Res.* 13, 1993, p. 1407-1418.

SIMONSEN T., VARTUN A., LYNGMO V. et NORDOY A., « Coronary heart disease, serum lipids, platelets and dietary fish in two communities in Northern Norway », *Acta Med. Scand.* 222, 1987, p. 237-245.

SIMOPOULOUS A.P., NORMAN H.A., GILLAPSY J.E. et DUKE J.A., « Common purslane : a source of omega-3 fatty acids and antioxidants », *J. Am. Coll. Nutr.* 11, 1992, p. 374-382.

SMITH G.D. et PEKKANEN J., « Scandinavian Simvastatin Study (4S) », *Lancet* 344, 1994, p. 1766.

SNOWDON D.A., PHILLIPS R.L. et FRASER G.E., « Meat consumption and fatal ischemic heart disease », *Prevent. Med.* 13, 1984, p. 490-500.

ST LEGER A.S., COCHRANE A.L. et MOORE F., « Factors associated with cardiac mortality in developed countries with particular reference to the consumption of wine », *Lancet* i, 1979, p. 1017-1020.

STAMPFER M.J., HENNEKENS C.H., MANSON J.E., COLDITZ G.A., ROSNER B. et WILLETT W.C., « Vitamin E consumption and the risk of coronary disease in women », *N. Engl. J. Med.* 328, 1993, p. 1444-1449.

STEERING COMMITTEE OF THE PHYSICIANS'HEALTH STUDY RESEARCH GROUP, « Final report on the aspirin component of the ongoing Physicians'Health Study », *N. Engl. J. Med.* 321, 1989, p. 129-135.

STENHOUSE N.S. et MCCALL M.G., « Differential mortality from cardiovascular disease in migrants from England and Wales, Scotland and Italy, and native-born Australians », *J. Chron. Dis.* 23, 1970, p. 423-431.

STORMORKEN H., « Epidemiological studies, Relation between dietary fat and venous thrombosis », *Haemostasis* 2, 1973/74, p. 1-12.

SUHONEN O., AROMAS A., REUNANEN A. et KNEKT P., « Alcohol consumption and sudden coronary death in middle-aged Finnish men », *Acta Med. Scand.* 221, 1987, p. 335-341.

THE POOLING PROJECT RESEARCH GROUP, « Relationship of blood pressure, serum cholesterol smoking habit, relative weight and ECG abnormalities to incidence of major coronary events : Final report of the Pooling Project », *J. Chron. Dis.* 31, 1978, p. 201-306.

THE REVIEW PANEL ON CORONARY-PRONE BEHAVIOR AND CORONARY HEART DISEASE, « A critical review », *Circulation* 63, 1981, p. 1199.

THOMAS W.A. et HARTROFT W.S., « Myocardial infarction in rats fed diets containing high fat, cholesterol, thiouracil and sodium cholate », *Circulation* 9, 1959, p. 65-69.

THOMAS, W.A., DAVIES J.N.P., O'NEAL R.M. et DIMAKULANGAN A.A., « Incidence of myocardial infarction correlated with venous and pulmonary thrombosis and embolism », *Amer. J. Cardiol.* 5, 1960, p. 41-48.

THOROGOOD M., MANN J., APPLEBY P. et MCPHERSON K., « Risk of death from cancer and ischaemic heart disease in meat and non-meat eaters », *B.M.J.* 308, 1994, p. 1667-1670.

TYROLER H.A., « Review of lipid-lowering clinical trials in relation to observational epidemiologic studies », *Circulat.* 76, 1987, p. 515-522.

UEMURA K. et PISA Z., « Recent trends in cardiovascular mortality in 27 industrialized countries », *World Health Stat Q.* 38, 1985, p. 142-162.

VAS DIAS F.W., GIBNEY M.J. et TAYLOR T.G., « The effect of polyunsaturated fatty acids of the n-3 and n-6 series on platelet aggregation and platelet and aortic fatty acid composition in rabbits », *Atherosclerosis* 43, 1982, p. 245-257.

VOLLSET S.E., HEUCH I. et BJELKE E., « Fish consumption and mortality from coronary heart disease », *N. Engl. J. Med.* 313, 1985, p. 820-821.

WILLETT W.C., STAMPFER M.J., MANSON J.E. et coll., « Intake of trans fatty acids and risk of coronary heart disease among women », *Lancet* 341, 1993, p. 581-585.

WOLF S. et BRUHN J.G., « The power of clan. The influence of human relationships on heart disease », Transaction Publishers, New Brunswick (USA) and London (UK), 1993.

WOLF S., « Mortality from myocardial infarction in Roseto », *JAMA* 2, 1966, p. 195.

WOLF S., GRACE K.L., BRUHN J.G. et STOUT C., « Roseto revisited : Further data on the incidence of myocardial infarction in Roseto and neighboring Pennsylvania communities », Transactions of the American Clinical and Climatological Association 85, 1973, p. 100-108.

WOODHILL J.M., PALMER A.J., LEELARTHAEPIN B., McGHILCHRIST C. et BLAC-KET R.B., « Low fat, low cholesterol diet in secondary prevention of coronary heart disease », *Adv. Exp. Med. Biol.* 109, 1978, p. 317-330.

« WORLD DRINK TRENDS », N.T.C. Publications Ltd., Henley-on-Thames, Oxfordshire, U.K., 1992.

YANO K., RHOADS C.G. et KAGAN A., « Coffee, alcohol and risk of coronary heart disease among Japanese men living in Hawaii », *New Engl J. Med.* 297, 1977, p. 405-409.

Remerciements

Je tiens à remercier tout particulièrement ma femme Hélène de son aide remarquable dans la préparation du manuscrit, le Dr Dominique Petithory de son appui exceptionnel et inconditionnel dans la réalisation de ce projet, ma fille Louise et son mari Michel qui ont eu l'idée de l'ouvrage.

La démonstration du rôle protecteur du régime crétois est le résultat de plus de trente ans de recherches scientifiques réalisées avec une équipe de collaborateurs motivés qui se sont succédé dans des lieux aussi différents que l'université et l'institut de cardiologie de Montréal, l'unité 63 et 265 de l'INSERM, l'hôpital de cardiologie de Lyon ou encore l'unité d'épidémiologie de Peter Elwood à Cardiff. Le nom des principaux collaborateurs apparaît dans le corps du texte ou dans la bibliographie qui l'accompagne.

Je désire souligner le succès de Michel Lagarde et de John Mac-Gregor qui, devenus directeurs de recherche de l'INSERM, ont poursuivi le travail entamé au sein de notre unité.

Je ne peux non plus oublier les Mutualités sociales agricoles de la Moselle et du Var et les assistantes sociales qui y travaillent, notamment Marie-Thérèse Houpert en Moselle et Ginette Chaussabel dans le Var. Ce sont elles qui ont su convaincre les agriculteurs de participer efficacement à nos études.

Mes remerciements vont également à l'INSERM et aux organismes publics ou privés qui ont, par leur soutien financier, assuré la réalisation de l'entreprise, en particulier les ministères de la Recherche et de la Santé, le Cetiom, l'Onidol, Astra-Calvé et le groupe Danone.

Enfin, cet ouvrage n'aurait pas été ce qu'il est sans l'aide précieuse de Jean-Luc Fidel et de Marie-Lorraine Colas.

Table

Cet ouvrage a été composé
chez NORD COMPO (Villeneuve-d'Ascq)
et achevé d'imprimer
par la SOCIÉTÉ NOUVELLE FIRMIN-DIDOT
Mesnil-sur-l'Estrée
en MAI 1998

N° d'impression : 42965
N° d'édition : 7381-0613-X
Dépôt légal : Mai 1998
Imprimé en France